SEBASTIAN KORTLANG

SPORTBOOT FÜHRERSCHEIN

BINNEN & SEE

Der verständliche Komplettleitfaden
für eine erfolgreiche SBF Prüfung

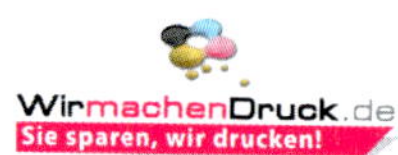

Email: info@edition-lunerion.de
www.edition-lunerion.de

Psiana eCom UG
Berumer Str. 44
26844 Jemgum

Inhalt

Vorwort **1**

Die Entwicklung des Wassersports **2**

Begrifflichkeiten der Schifffahrt **6**

Der Sportbootführerschein Segeln & Motor **11**

Der SBF-Binnen 11
Geltungsbereich 12
Der SBF-See 18
Formales 22

Zusatzbereiche für Segel & Motorantrieb **24**

Bodenseeschifferpatent 24
Ergänzungsscheine Segel 28
Ergänzungsschein Sicherheit 36

Der Sportbootführerschein als Basisschein - Warum welcher Schein zuerst? **47**

SBF-Binnen und SBF-See 47
SBF-Binnen und Bodenseeschifferpatent 48
SBF-See und Bodenseeschifferpatent 49
Funkscheine (UBI, SRC, LRC) 49

Theoretisches Wissen **50**

Regelungen zum Verkehrsrecht 50
Gesetzliche Grundlagen 53
Ausweichregeln 56
Lichter und Sichtzeichen 64
Sicherheit 69
Maschinenanlage 72
Schallsignale 74
Schifffahrtszeichen 81
Brücken, Schleusen und Sperrwerke 85
Schiffsführung 88
Umweltrecht 89
Wetter 90

Praktisches Wissen 96
Seemannsknoten 96
Manöver in der praktischen Prüfung 107

Ahoi! 111

Anhang 112
Antworten der Prüfungsfragen 112

Vorwort

Schwärmen Sie davon, einen unbeschwerten Bootsurlaub in Eigenregie zu verbringen? Möchten Sie sich endlich Ihren Kindheitstraum von der Kapitänsmütze erfüllen? Oder stecken Sie bereits in den Vorbereitungen auf die große Prüfung? Dann sorgt dieser Ratgeber für ordentlich Wind in den Segeln und macht Sie im Handumdrehen fit für den Sportbootführerschein!

Ob mit Segel oder Motor, ob auf Chiemsee, Rhein oder Ostsee: Als Steuermann seines eigenen Sportboots unterwegs zu sein, bietet einzigartige Freiheit und unvergleichliche Erlebnisse. Damit das für alle Beteiligten ein ungetrübtes und sicheres Vergnügen bleibt, geht es hierzulande nicht ohne Führerschein – und mit diesem Buch haben Sie den schon bald in der Tasche. Von der Auswahl des richtigen Scheins über das gesammelte Theorie-Wissen bis hin zu Praxis-Aspekten rund um Knoten, Manöver & Co. werden hier alle Aspekte des Sportbootführerscheins kompakt, kompetent und umfassend beleuchtet, sodass Ihrer großen Prüfung nichts mehr im Wege steht. Sie sind noch ganz am Anfang? Kein Problem! Denn mit den leicht verständlichen Erläuterungen sowie detaillierten und bebilderten Schritt-für-Schritt-Anleitungen steigen auch Landratten ganz einfach in die Materie ein und erwerben problemlos fundierte Sportboot-Kenntnisse.

Die Entwicklung des Wassersports

Es ist nicht immer so gewesen, dass man in Deutschland zum Führen eines Bootes einen besonderen Führerschein brauchte. Vor den 1970er Jahren war der Wassersport an sich nicht besonders bekannt und daher bei der Bevölkerung auch nicht besonders beliebt. Das Verkehrsaufkommen auf den Wasserwegen war eher gering und es kam selten zu Problemen, da sich außer den Berufsschifffahrern nur wenige Freizeitsportler auf dem Wasser aufhielten.

Die ersten Regeln, wie man sich auf dem Wasser zu verhalten hatte, kamen von den Segelvereinen. Diese richteten immer wieder Wettkämpfe in Form von Regatten aus. Regeln waren bei diesen nötig, dennoch waren die einzigen zu beachtenden Gebote jene der Fairness und des Sportgeistes. Daher entwickelten sich aus diesem kleinen Regelwerk mit der Zeit die freiwilligen Verbandsführerscheine. Ab den 1970ern stieg die Zahl der begeisterten Wassersportler enorm an. So kam es, dass auch der Verkehr auf dem Wasser deutlich zunahm. Da es immer wieder Kontakt zwischen der Berufsschifffahrt und den Freizeitsportlern gab, sah der Gesetzgeber sich in der Pflicht, allgemeine Regeln für den Verkehr auf dem Wasser aufzustellen, der amtliche Sportbootführerschein war geboren.

Heute existieren beide Scheine nebeneinander, die freiwilligen Verbandsführerscheine und die verpflichtenden Sportbootführerscheine. Man kann allerdings mittlerweile nur den amtlichen Sportbootführerschein neu erlangen. Dennoch werden die Verbandsführerscheine noch heute stolz von den Hobbyseglern präsentiert.

Was genau ist ein Sportboot?

In Deutschland gibt es schätzungsweise 500.000 Sportboote in privater Nutzung. Um Regeln für die Nutzung von Sportbooten festzulegen, muss der Begriff genau definiert sein. In der See-Sportbootverordnung heißt es:

„1. Sportboote: Wasserfahrzeuge mit oder ohne Maschinenantrieb, die für Sport- und Erholungszwecke gebaut worden sind und ausschließlich für Sport- oder Erholungszwecke oder für die Ausbildung zum Führen von Sportbooten verwendet werden und die für nicht mehr als zwölf Personen zuzüglich Fahrzeugführer und Besatzung zugelassen sind.“ (§ 2 Abs. 1 Nr. 1 SeeSpbootV)

Demnach sind Sportboote über folgende Eigenschaften definiert:

- Das Boot wurde für Sport- und Freizeitzwecke gebaut
- Das Boot wird für Sport- und Freizeitzwecke verwendet
- Das Boot ist für maximal 12 Fahrgäste zugelassen

Wofür wird ein Sportbootführerschein genau benötigt?

Nicht nur im Straßenverkehr gibt es Polizei sowie die Straßenverkehrsordnung, in der alle Regeln festgesetzt sind. Gleiches gibt es auch auf dem Wasser. Die Wasserschutzpolizei sorgt für Sicherheit auf dem Wasser, indem sie die Schifffahrtsstraßenordnung durchsetzt.

Sind Sie privat mit einem kleinen Sportboot auf einem Binnengewässer unterwegs, brauchen Sie nicht zwingend eine Erlaubnis bzw. einen Führerschein. Hat die Nutzungslast der Antriebsmaschine mehr als 11,03 kW oder 15 PS, sind Sie verpflichtet, einen amtlichen Sportbootführerschein mit sich zu führen. Können Sie diesen bei einer Kontrolle nicht vorlegen, gilt das als Ordnungswidrigkeit und wird mit einem Bußgeld geahndet.

Watt (W) ist die Maßeinheit für die elektrische Leistung. Sie ist nach dem schottischen Wissenschaftler und Ingenieur James Watt benannt, der die Einheit definierte. Sie gibt an, wie viel Arbeit in einer Sekunde verrichtet wird. Die Pferdestärke (PS) hingegen ist eine eher veraltete Maßeinheit und das Maß für eine genau definierte Leistung. Eine Pferdestärke entspricht ca. 735 Watt.

In Deutschland gibt es Bootsführerscheine in Hülle und Fülle. Als Wassersport-Neuling den Überblick zu behalten, bzw. den Führerschein zu finden, den man braucht, ist gar nicht so einfach. Es kommt darauf an, auf welchen Gewässern Sie mit dem Boot fahren möchten und welche Größe Ihr Boot hat. Hat es zudem einen Antriebsmotor oder ist es lediglich ein Segelboot? Im Folgenden werden Ihnen die unterschiedlichen Führerscheine vorgestellt, um etwas Licht ins Dunkel zu bringen.

Die Sportbootführerscheine, die heute zu erwerben sind, gelten als Befähigungszertifikate, ein Sportboot zu führen, und unterteilen sich in die unterschiedlichen Geltungsbereiche Binnen und See. Des Weiteren gibt es nicht gesetzlich vorgeschriebene Erweiterungen dieser Führerscheine, wie z. B. den Sportküstenschifferschein und den Sportseeschifferschein. Auch wenn diese erweiterten Führerscheine freiwillig sind, müssen Sie diese dennoch häufig bei den Bootsverleihunternehmen vorlegen. Kommt es zu Unfällen, muss der Fahrzeugführer nachweisen, dass er fähig war, das von ihm genutzte Fahrzeug auf dem entsprechenden Gewässer zu führen. Auch vor Gericht oder bei Versicherungen wird diesen Führerscheinen eine hohe Bedeutung beigemessen. Daher ist es zu empfehlen, in solchen Situationen diese Fahrerlaubnisse auch vorlegen zu können.

Eine kurze Übersicht der zu erwerbenden Führerscheine in Deutschland finden Sie im Folgenden:

Name Führerschein	**Gewässer**	**Motorleistung**
Sportbootführerschein Binnen (Motor und Segel)	gültig auf jedem Süßgewässer (Flüsse und Seen), Ausnahme Bodensee	über 11,03 kW oder 15 PS Motorleistung
Sportbootführerschein See (reiner Motorboot-Schein)	nur gültig auf dem Meer (Salzwasser)	über 11,03 kW oder 15 PS Motorleistung
Bodenseeschifferpatent (Kat. A = Motor, Kat. D = Segel)	nur gültig auf dem Bodensee	über4,4 kW oder 6 PS Motorleistung oder über 12 qm Segelfläche
Sportküstenschifferschein SKS (amtlicher Segelschein)	für das Segeln im Küstengewässer	Yachten
Sportseeschifferschein SSS (empfohlener Segelschein)	für das Segeln in küstennahen Gewässern	Yachten
Sporthochseeschifferschein SHS (empfohlener Segelschein)	für das Segeln auf der Hochsee	Yachten

Auch ohne Schein sind ein paar Grundregeln nötig

In Deutschland braucht man für Sportboote unter 15 PS keinen Sportbootführerschein nachzuweisen, dennoch sollten die Gefahren auf dem Wasser nicht unterschätzt werden. Dies gilt insbesondere für Anfänger im Wassersportbereich. Deshalb sollten auch beim Führen von kleineren, weniger leistungsstarken Booten ein paar einfache Grundregeln beachtet werden. Das sorgt nicht nur für Sicherheit an Bord, sondern auch für die Sicherheit andere Bootsfahrer und Wassersportbegeisterte.

An Bord gibt es mindestens einen geeigneten Führer, der sich mit den Gegebenheiten des Bootes auskennt. Er ist verantwortlich für die Einhaltung der Vorschriften.

Für jede Person an Bord muss es eine Schwimmweste geben. Personen, die nicht schwimmen können, sowie Kinder sollten durchgehend eine Schwimmweste tragen. Kinder sollten sich nie unbeaufsichtigt auf dem Boot bewegen. Ein Boot zu überladen, sei es mit Personen oder anderem Material, ist lebensgefährlich, da die Gefahr des Kenterns und Sinkens des Bootes enorm steigt.

Sich vorher über das zu befahrende Gewässer zu informieren, ist sehr wichtig. Dabei sollten besondere Eigenschaften des Gewässers sowie der Wetterbericht des Ausflugtages studiert werden.

Es sollte immer ausreichend Reservetreibstoff mitgeführt werden, damit es nicht zu Notsituationen auf einem Gewässer kommt, weil kein Treibstoff mehr vorhanden ist. Dieser ist so zu lagern, dass die Kanister keiner Hitze ausgesetzt sind.

Genau wie das Autofahren ist auch das Sportbootfahren unter Alkoholeinfluss nicht erlaubt.

Die Gewässer sind sauber zu halten, d. h., es werden keine flüssigen Abfälle oder Müll in das Gewässer geschüttet. Helfen Sie dabei, die Natur zu bewahren.

Seien Sie immer respektvoll zu anderen Wassersportlern und -begeisterten, seien es Schwimmer, Angler, andere Sportbootfahrer, Wasserskiläufer o. Ä., und nehmen Sie aufeinander Rücksicht.

Beachtet man diese wenigen Regeln, so trägt man schon enorm zur Sicherheit bei und fördert ein freundliches Miteinander auf dem Wasser.

Begrifflichkeiten der Schifffahrt

Bevor das Buch richtig startet, gibt es in diesem Kapitel zunächst eine Einleitung zu den besonderen Begrifflichkeiten in der Schifffahrt:

Ankerlieger: Ein vor Anker liegendes Fahrzeug

Aufstoppen: Manöver in der Schifffahrt, bei dem auf ein Objekt zugehalten wird und vor dem Objekt angehalten wird

Außenborder: Schiffsmotor, bei dem Motor, Kraftübertragung, Getriebe und Propeller in einer konstruktiven Einheit verbunden sind. Er befindet sich am hinteren Ende des Bootes und ist vor allem bei Schlauchbooten bekannt.

Backbord: Linke Seite in der Schifffahrt

Beaufortskala: Skala, um Windgeschwindigkeiten und deren Wirkung auf das Wasser zu beschreiben.

Bergfahrt: Fahrt gegen die Strömung eines Flusses

Binnengewässer: liegen im Binnenland, also landeinwärts, und zählen nicht zu Küstengewässern oder der Hohen See

Binnenschifffahrtsstraßen: umfassen die meisten schiffbaren Flüsse und Kanäle sowie einige Seen in Deutschland. Hier ist der SFB-Binnen bundesweit gültig und vorgeschrieben.

BinSchStrO: Binnenschifffahrtsstraßen-Ordnung, diese gilt als Regelwerk auf den Binnengewässern und ist Grundlage für den Bußgeldkatalog.

Bodenseeschifferpatent: Führerschein für ein Sportboot, der nur auf dem Bodensee gilt. Dieser kann aber als Grundlage für andere Sportbootführerscheine anerkannt werden.

Boje: ein kugel-, kegel- oder tonnenförmiger Schwimmkörper, der als Signal eingesetzt wird

Bug: vorderer Teil des Bootes

Buhnen: rechtwinklig zum Ufer verlaufende Dämme, die dem Küstenschutz oder Flussbau dienen

DSV: Deutscher Segler-Verband

DMYV: Deutscher Motoryachtverband

Einbaumaschine: Antriebssystem bei Schiffen, bei dem sich der Motor im Inneren des Schiffes befindet

ELVIS: elektronisches Wasserstraßen-Informationssystem

Fahrwasser: der Bereich, der von der durchgehenden Schifffahrt benutzbar ist, also alle Bereiche, in denen die Schifffahrt stattfinden kann

Fahrrinne: ist ein physikalischer Begriff und bezeichnet die durch die Strömung eines Flusses entstandene tiefste Rinne. In der Fahrrinne werden bestimmte Tiefen und Breiten angestrebt, damit der Schiffverkehr ungehindert passieren kann.

Fender: luftgefüllte Schwimmkörper, die an der Reling befestigt werden, um zu verhindern, dass ein Boot gegen ein anderes oder eine Wand stößt

FKN: Fachkundenachweise für Seenotsignale (FKN), auch kleiner Pyroschein genannt

Heck: hinterer Teil des Bootes

Hochwasser: beschreibt den Moment, in dem das Wasser am höchsten steht

Jolle: Eine Jolle ist ein kleines Segelboot und besitzt ein Schwert. Sie ist formstabil gebaut, d. h. die Rumpfform wirkt der Krängung entgegen. Dennoch ist ein Kentern möglich.

Krängung: bezeichnet die Neigung von Booten zur Seite, beispielsweise beim Fahren von Kurven und Wendungen

KVR: Kollisionsverhütungsregeln, stellen das internationale Recht auf Hoher See dar

KVR-Pyramide: gibt die Ausweichregeln auf der Hohen See vor

Landeswasserstraßen/Landesgewässer: kleinere Wasserstraßen sowie kommunale und private Gewässer, die kaum von der Berufsschifffahrt genutzt werden. Die Verwaltung liegt daher bei den Ländern. Der SFB-Binnen ist auf Landeswasserstraßen nicht vorgeschrieben, wird aber dennoch von den Ländern häufig verlangt.

Lee: ist der Bereich, in den der Wind geht (die windabgewandte Seite)

Lifebelts: Sicherungsleinen, mit denen man sich am Boot sichern kann, um nicht über Bord zugehen

LRC: Funkbetriebszeugnis „Long Range Certificate"

Luv: ist der Bereich, aus dem der Wind kommt (die windzugewandte Seite)

Niedrigwasser: beschreibt den Moment, in dem das Wasser am niedrigsten steht

Royal Yachting Association: der britische Dachverband für den Segelsport

Rudergänger: neben dem Schiffsführer wird ein Rudergänger ernannt, sofern der Schiffsführer nicht selbst das Ruder übernimmt

Rückgas: bezeichnet den Vorgang, der dafür sorgt, dass Gas aus dem Fahrzeug zurück in den Tank der Tankstelle fließt.

SBF: Abkürzung für Sportbootführerschein. Neben zahlreichen Führerscheinen gelten der SBF-Binnen und der SBF-See als die wichtigsten Sportbootführerscheine in Deutschland.

Schallsignale: Akustische Signale zur Verständigung

Schifffahrtszeichen: Schilder im Schiffsverkehr

Schiffsführer: Person mit Sportbootführerschein. Diese muss vor Fahrtantritt bestimmt werden. Sie ist verantwortlich für die Sicherheit aller Personen an Bord.

Schleusen: Sie verbinden Gewässer mit unterschiedlichem Wasserstand und helfen somit, den Schiffen diese unterschiedlichen Wasserstände zu überwinden.

Seemannsknoten: Spezielle Knoten mit unterschiedlichen Eigenschaften, die in der Schifffahrt eingesetzt werden. Auch nach großer Belastung oder bei Nässe müssen sich die Knoten gut lösen lassen.

SeeSchStrO: Seeschifffahrtsstraßen-Ordnung, diese gilt als Regelwerk auf den Seeschifffahrtsstraßen und ist Grundlage für den Bußgeldkatalog.

Seeschifffahrtsstraßen: umfassen die Bereiche, in denen die Seeschifffahrtsstraßen-Ordnung (SeeSCHStrO) gilt. Diese Grenze liegt bei drei Seemeilen Abstand zur Basislinie in Richtung See. Die Basislinie trennt dabei das Küstenmeer von den inneren Gewässern. Sie wird von den Küstensatten selbst festgelegt und ist auf allen Seekarten eingezeichnet.

Segelyacht: Eine Yacht hat einen Ballastkiel und ist damit gewichtsstabil. Durch den tiefliegenden Ballastkiel wirkt dieser der Krängung entgegen, daher ist das Kentern auch bei einer Krängung von 90° nicht möglich (das Boot liegt waagerecht in der Luft).

Sektorenlichter: Anhand der Sektorenlichter kann die Lage eines Fahrzeuges bestimmt werden. Diese werden künstlich verschattet und bestrahlen deshalb nur einen bestimmten Sektor.

SKN: Sachkundenachweise für Seenotsignale, auch der große Pyroschein genannt

Sperrwerke: Querbauwerke, die den Tidenfluss bei starker Schwankung der Gezeiten beeinflussen können. Bei Bedarf werden diese z. B. geschlossen.

Sporthochseeschifferschein: Der Sporthochseeschifferschein berechtigt den Besitzer zum Führen einer Yacht in weltweiten Seegewässern, stellt also noch eine Steigerung zum Sportseeschifferschein dar.

Sportküstenschifferschein: berechtigt den Besitzer zum Führen einer Yacht in Küstenrevieren bis zu zwölf Seemeilen seewärts, stellt also noch eine Steigerung zum Führerschein SBF-See dar. Zudem ist der SKS sowohl unter Motor als auch unter Segel zu erwerben.

Sportseeschifferschein: Der Sportseeschifferschein berechtigt den Besitzer zum Führen einer Yacht in Küstenrevieren bis zu 30 Seemeilen seewärts, stellt also noch eine Steigerung zum Sportküstenschifferschein und auch zum SBF-See dar.

SRC: beschränkt gültiges Funkbetriebszeugnis – „Short Range Certificate“

Steuerbord: rechte Seite in der Schifffahrt

Talfahrt: Fahrt mit der Strömung eines Flusses

Tauglichkeitsprüfung: Ärztliche Untersuchung beim Facharzt, die bescheinigt, dass man in der körperlichen Verfassung ist, ein Sportboot zu führen.

Tide: bezeichnet den Zeitraum zwischen einem Niedrigwasser und dem nächstfolgenden Niedrigwasser

Tidenhub: bezeichnet den Höhenunterschied zwischen Niedrigwasser und Hochwasser

UBI: UKW-Sprechfunkzeugnis für den Binnenschifffahrtsfunk

VTG: Verkehrstrennungsgebiete, können auch als Einbahnstraßen für die Berufsschifffahrt bezeichnet werden

WSV: Wasserstraßen- und Schifffahrtsverwaltung

Der Sportbootführerschein Segeln & Motor

Schon seit Jahrhunderten bewegen sich die Menschen mit Booten über das Wasser, eine Faszination, die wir Menschen genauso teilen wie die, sich in der Luft zu bewegen. Die Begeisterung am Wassersport mit all seiner Vielfältigkeit steigt von Jahr zu Jahr weiter an. Immer mehr Sportler versuchen sich am Wasserski oder Jetskifahren, ziehen Wasserspielzeug an Leinen hinter den Booten her, gehen Schnorcheln und vieles mehr. Hierfür ist, wenn man die Natur auf eigene Faust erkunden möchte, in den meisten Fällen ein Boot nötig. Während die einen eine Tour buchen und sich auf dem Wasser herumfahren lassen, möchten andere selbst Hand anlegen. Es ist ein großer Vorteil, wenn man selbst in der Lage ist, ein Boot zu steuern. Man kann sich überall auf dem Wasser frei bewegen, Tagesplanungen sind wesentlich flexibler, außerdem, seien wir mal ehrlich, ist es ein schönes Gefühl, einfach selbst entscheiden zu können, wohin man wann möchte, und wenn man vielleicht auch etwas spontan sein kann. Dazu verhilft einem der Bootsführerschein. Die Auswahl ist groß. Dennoch sind die beiden wichtigsten Sportbootführerscheine der Sportbootführerschein-Binnen (SBF-Binnen) und der Sportbootführerschein-See (SBF-See).

Der SBF-Binnen

Während der SBF-See ein reiner Motorbootführerschein ist, kann der SBF-Binnen in verschiedenen Varianten erworben werden. Der „SBF-Binnen unter Motor“ berechtigt den Besitzer zum Führen von Motorbooten mit mehr als 15 PS Antriebsleitung. Der „SBF-Binnen unter Segel“ erlaubt es Ihnen, Segelboote ab einer Segelfläche von 6 qm zu führen. Da viele Segelboote auch über Antriebsmotoren verfügen, ist die Kombination beider Scheine üblich und wird auch am häufigsten vergeben. Nichtsdestotrotz kann man beide Scheine auch separat erwerben, falls man nur Interesse an einem der beiden Scheine hat.

Geltungsbereich

Auf den meisten Binnengewässern dürfen Sie mit dem SBF-Binnen weltweit ein Sportboot führen.

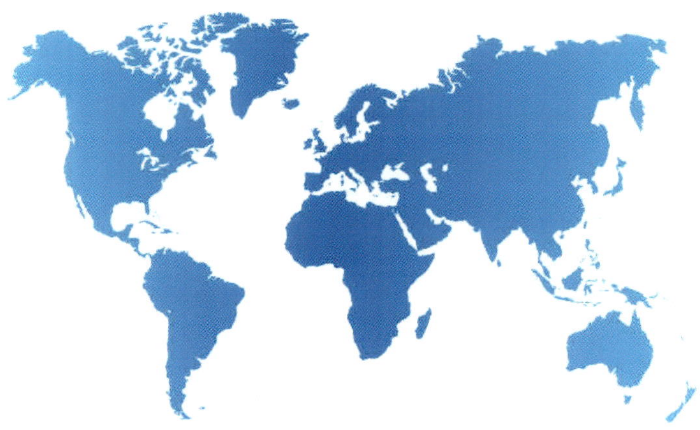

Möchte man Motorboote mit mehr als 15 PS Antriebsleistung auf Binnenschifffahrtsstraßen führen, so berechtigt der SBF-Binnen unter Motor dazu. Das Boot darf dabei allerdings eine maximale Länge von 20 m nicht überschreiten.

Zu den Binnenschifffahrtsstraßen oder Bundeswasserstraßen gehören alle Süßwasserbereiche, wie Flüsse und Seen. Dieses Zeugnis ist auch zum Führen eines Segelbootes nötig, wenn das Boot über einen Antriebsmotor mit mehr als 15 PS verfügt, selbst, wenn nur unter Segel gefahren wird. Eine Ausnahme zu der 15-PS-Regel stellt der Rhein dar. Hier wird bereits ab einer Antriebsleistung von 5 PS der SBF-Binnen unter Motor gefordert. Dabei darf das Boot die maximale Länge von 15 m nicht überschreiten. Möchte man dennoch längere Boote auf Binnenschifffahrtsstraßen führen, ist das Sportschifferzeugnis oder auf dem Rhein das Sportpatent nötig. Dieses bemächtigt den Besitzer zum Führen von Booten bis zu einer Länge von 25 m. Im Gegensatz dazu dürfen auf vielen Landesgewässern auch Boote mit mehr als 15 PS Antriebsleistung ohne Bootsführerschein geführt werden. Daher sollten Sie sich vorher gut informieren, welche Regeln für das bestimmte Gewässer gelten, welches Sie befahren möchten. Am besten geht das im Internet oder bei dem zuständigen Wasserstraßen- und Schifffahrtsamt.

Bundeswasserstraßen/Binnenschifffahrtsstraßen: umfassen die meisten schiffbaren Flüsse und Kanäle sowie einige Seen in Deutschland. Hier ist der SFB-Binnen bundesweit gültig und vorgeschrieben.

Landeswasserstraßen/Landesgewässer: kleinere Wasserstraßen sowie kommunale und private Gewässer, die kaum von der Berufsschifffahrt genutzt werden. Daher liegt die Verwaltung bei den Ländern. Der SFB-Binnen ist auf Landeswasserstraßen nicht vorgeschrieben, wird aber dennoch von den Ländern häufig verlangt.

Möchten Sie hingegen mit einem Segelboot auf den Binnenschifffahrtsstraßen fahren, so ist in den meisten Fällen rechtlich gesehen kein Bootsführerschein nötig. Allerdings möchten sich viele Bootsverleihe absichern und fordern daher dennoch den SBF-Binnen unter Segel. Es gibt jedoch einige Wasserstraßen in Berlin und Brandenburg, wie z. B. die Havel-Oder-Wasserstraße, die Untere-Havel-Wasserstraße und die Spree-Oder-Wasserstraße, auf denen der SBF-Binnen unter Segel ab einer Segelfläche von 6 qm Pflicht ist. Auch auf manchen Landesgewässern darf ohne Schein nicht gesegelt werden. Informieren Sie sich daher auch hier genau über das entsprechende Gewässer.

Der SBF-Binnen wird auch von ausländischen Revieren anerkannt.

Zusammenfassung

Führerschein	Antriebsleistung und Länge	Geltungsbereich
SBF-Binnen unter Segel	ab 6 qm Segelfläche	Nur bestimmte Gewässer in Berlin und Brandenburg
SBF-Binnen unter Motor	über 11,03 kW/15 PS und unter 20 m Länge	Binnenschifffahrtsstraßen (außer Rhein)
SBF-Binnen unter Motor	über 3,68 kW/5 PS und unter 15 m Länge	Rhein
Sportschifferzeugnis	über 20 m Länge	Binnenschifffahrtsstraßen (außer Rhein)
Sportpatent	über 20 m Länge	Rhein

Voraussetzungen

Um den SBF-Binnen unter Motor zu erlangen, ist ein Alter von mindestens 16 Jahren vorgeschrieben, während man für den SBF-Binnen unter Segel lediglich ein Mindestalter von 14 Jahren haben muss. Die Prüfungen dürfen bereits drei Monate vor den jeweiligen Geburtstagen abgelegt werden, der entsprechende Sportbootführerschein wird allerdings erst am Geburtstag selbst ausgehändigt. Für minderjährige Führer von Sportbooten ist zudem eine Einverständniserklärung der Erziehungsberechtigten notwendig.

Außerdem ist eine medizinische Tauglichkeitsprüfung beim Arzt notwendig. Dort werden u. a. das Seh- und Hörvermögen getestet und der allgemeine gesundheitliche Zustand wird bewertet. Alles muss auf einem entsprechenden Formular eingetragen werden und darf nicht älter als ein Jahr sein.

Hat der Prüfling keinen KFZ-Führerschein, muss ein amtliches Führungszeugnis vorgelegt werden. Ist der KFZ-Führerschein vorhanden oder es handelt sich um minderjährige Personen, entfällt dieser Punkt. Zu beachten ist weiterhin, dass Menschen mit einer ausgeprägten Rot-Grün-Sehschwäche nicht zur Prüfung zugelassen werden.

Die 8 Varianten des Führerscheins Binnen (Theorie)

Bei der Entscheidung, welche der acht Varianten des SBF-Binnen für Sie die richtige ist, kommt es auf Ihre Ausgangsposition an. Haben Sie vielleicht bereits einen anderen Sportbootführerschein, wie z. B. den SBF-See, oder streben Sie vielleicht nur einen Teil der theoretischen Prüfung an, da Sie nur Interesse an dem Segelbootschein haben? Es gibt die folgenden acht Varianten zur theoretischen Prüfung des SBF-Binnen:

1. SBF-Binnen unter Motor und unter Segel

Zeit der Prüfung	Anzahl der Fragen zu spezifischen Themen	Anzahl korrekt beantworteter Fragen zum Bestehen
60 Minuten	7 Basisfragen	5 Basisfragen
	23 spezifische Binnenfragen	18 spezifische Binnenfragen
	7 Segelfragen	5 Segelfragen

2. SBF-Binnen unter Motor und unter Segel für Besitzer des SBF-See

Zeit der Prüfung	Anzahl der Fragen zu spezifischen Themen	Anzahl korrekt beantworteter Fragen zum Bestehen
50 Minuten	23 spezifische Binnenfragen	18 spezifische Binnenfragen
	7 Segelfragen	5 Segelfragen

Da sich die 72 Basisfragen des SBF-See mit denen des SBF-Binnen überschneiden, entfallen diese, falls Sie den SBF-See bereits besitzen oder in dem letzten Jahr die theoretische Prüfung zum SBF-See abgelegt haben.

3. SBF-Binnen nur unter Motor

Zeit der Prüfung	Anzahl der Fragen zu spezifischen Themen	Anzahl korrekt beantworteter Fragen zum Bestehen
45 Minuten	7 Basisfragen	5 Basisfragen
	23 spezifische Binnenfragen	18 spezifische Binnenfragen

4. SBF-Binnen nur unter Motor für Besitzer des SBF-See

Zeit der Prüfung	Anzahl der Fragen zu spezifischen Themen	Anzahl korrekt beantworteter Fragen zum Bestehen
35 Minuten	23 spezifische Binnenfragen	18 spezifische Binnenfragen

Da sich die 72 Basisfragen des SBF-See mit denen des SBF-Binnen überschneiden, entfallen diese, falls Sie den SBF-See bereits besitzen oder in dem letzten Jahr die theoretische Prüfung zum SBF-See abgelegt haben.

5. SBF-Binnen nur unter Segel

Zeit der Prüfung	Anzahl der Fragen zu spezifischen Themen	Anzahl korrekt beantworteter Fragen zum Bestehen
35 Minuten	18 Basisfragen & spezifische Binnenfragen	Insgesamt müssen mindestens 20 Fragen korrekt beantwortet werden
	7 Segelfragen	

6. SBF-Binnen nur unter Segel für Besitzer des SBF-See

Zeit der Prüfung	Anzahl der Fragen zu spezifischen Themen	Anzahl korrekt beantworteter Fragen zum Bestehen
35 Minuten	14 spezifische Binnenfragen	Insgesamt müssen mindestens 17 Fragen korrekt beantwortet werden
	7 Segelfragen	

Da sich die 72 Basisfragen des SBF-See mit denen des SBF-Binnen überschneiden, entfallen diese, falls Sie den SBF-See bereits besitzen oder in dem letzten Jahr die theoretische Prüfung zum SBF-See abgelegt haben.

7. SBF-Binnen unter Segel für Besitzer des SBF-Binnen unter Motor

Zeit der Prüfung	Anzahl der Fragen zu spezifischen Themen	Anzahl korrekt beantworteter Fragen zum Bestehen
15 Minuten	7 Segelfragen	5 Segelfragen

8. SBF-Binnen nur unter Motor für Personen, die den SBF-Binnen unter Segel vor dem 01.05.2012 erworben haben

Zeit der Prüfung	Anzahl der Fragen zu spezifischen Themen	Anzahl korrekt beantworteter Fragen zum Bestehen
15 Minuten	7 Basisfragen	5 Basisfragen

Tipps zur theoretischen Prüfung

Die Prüfungen laufen, wie auch beim SFB-See, immer an einem zentralen Ort ab. Oft werden auch unterschiedliche Führerscheine gleichzeitig geprüft. Daher kommt es unter Umständen auch schon einmal zu 100 oder mehr Prüfkandidaten.

Machen Sie sich nicht allzu viele Gedanken über die theoretische Prüfung. Für die Beantwortung der Fragen ist ausreichend Zeit angesetzt. Bewahren Sie Ruhe und beantworten Sie zunächst alle Fragen, bei denen Sie sich absolut sicher sind. Ist dann die erste Aufregung verflogen, können Sie sich den schwierigeren Fragen zuwenden.

Hilfsmittel sind während der gesamten Prüfung nicht zugelassen. Daher dürfen auch außer dem Stift und dem Prüfungsbogen keine Gegenstände auf dem Tisch liegen.

Die praktische Prüfung

Die praktische Prüfung unterteilt sich in zwei unterschiedliche Teile. Zum einen müssen auf dem Wasser Manöver gezeigt werden und zum anderen werden Seemannsknoten überprüft, d. h. der Prüfling muss die Knoten vorführen und erklären, in welchen Bereichen sie zum Einsatz kommen. Sind Sie bereits Besitzer des SBF-See oder des SBF-Binnen unter Motor oder unter Segel, werden die Knoten nicht noch einmal überprüft, da sie ebenfalls Bestandteil der vorangegangenen Prüfung waren und bereits beim Prüfling abgefragt wurden.

Folgende Manöver sind beim **SBF-Binnen unter Motor** Pflicht:

- Anlegen
- Ablegen
- Rettungsmanöver (Boje über Bord)

Es gibt weitere fünf Manöver, von denen der Prüfer drei auswählt. Zwei der drei Manöver müssen bestanden werden:

- Aufstoppen mit Halten des Kurses
- Wenden auf engem Raum
- Fahren nach Schifffahrtszeichen
- Sicherer Umgang mit Rettungsweste oder Sicherheitsgurten
- Manöverschallsignale vorführen

Folgende Manöver sind beim **SBF-Binnen unter Segel** Pflicht:

- Anlegen (unter Segel)
- Ablegen (unter Segel)
- Rettungsmanöver (Boje über Bord unter Segel)

Es gibt weitere fünf Manöver, von denen der Prüfer drei auswählt. Zwei der drei Manöver müssen mit ausreichendem Ergebnis ausgeführt werden:

- Segel setzen und bergen
- Wenden und Halsen
- Anluven und Abfallen
- Steuern nach Wind und Schifffahrtszeichen
- Sicherer Umgang mit Rettungsweste oder Sicherheitsgurten

Zudem gibt es zehn Seemannsknoten, die in der Prüfung abgefragt werden können. Sieben der zehn Knoten werden in der Prüfung abgefragt, müssen also vorgeführt und in deren Verwendung erklärt werden. Sechs davon müssen mit ausreichendem Ergebnis bewertet werden. Es sind immer zwei Versuche pro Knoten erlaubt.

Der SBF-See

Der SBF-See unterscheidet sich in einigen Punkten vom SBF-Binnen. Nicht nur, dass es sich um unterschiedliche Geltungsbereiche handelt, für die die beiden Scheine gebraucht werden, der SBF-See ist zudem auch ein reiner Motorboot-Führerschein und schließt demnach keine Segelboote ein. Daher ist es ratsam, wenn man auf der offenen See segeln möchte, seine Fähigkeiten durch den amtlichen Sportküstenschifferschein (SKS) belegen zu können, welcher ein reiner Segelschein ist.

Geltungsbereich

Mit dem SBF-See dürfen Sie sowohl an der Küste als auch auf Hoher See weltweit an den meisten Orten ein Sportboot führen.

Möchte man ein Motor- oder ein Segelboot mit entsprechend leistungsstarken Motoren auf den See-Schifffahrtsstraßen führen, so ist der SBF-See vorgeschrieben. Dieser Schein gilt für Boote mit Verbrennungsmotoren mit einer Leistung über 11,03 kW/15 PS oder Elektromotoren mit einer Leistung über 7,5 kW/10,2 PS. Maßgeblich bei den Elektromotoren ist die Betriebsart S1 (Dauerbetrieb). Auch Segelboote, die mit entsprechenden Motoren ausgestattet sind, erfordern zum Führen den SBF-See, auch wenn nur unter Segel gefahren wird.

Seeschifffahrtsstraßen: umfassen die Bereiche, in denen die Seeschifffahrtsstraßen-Ordnung (SeeSCHStrO) gilt. Diese Grenze liegt bei drei Seemeilen Abstand seewärts der Basislinie. Die Basislinie trennt dabei das Küstenmeer von den inneren Gewässern. Sie wird von den Küstensatten selbst festgelegt und ist auf allen Seekarten eingezeichnet. Ausnahmen stellen Gewässer dar, die direkt mit diesem Bereich verbunden sind und somit auch von Seeschiffen regelmäßig befahren werden, wie z. B. die Elbe bis zum Hamburger Hafen, die Weser bis Bremen, die Hunte bis Oldenburg, die Warnow bis Rostock und die Trave bis Lübeck.

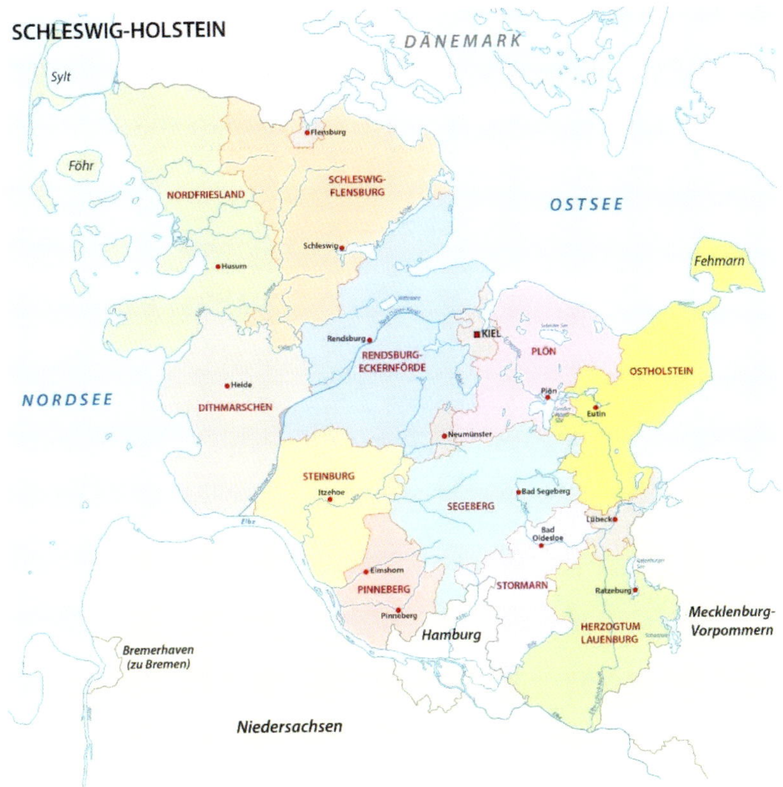

Der SBF-See wird auch von ausländischen Revieren anerkannt.

Voraussetzungen

Um den SBF-See zu erlangen, ist ein Mindestalter von 16 Jahren vorgeschrieben. Die Prüfungen dürfen bereits drei Monate vor den jeweiligen Geburtstagen abgelegt werden, der entsprechende Sportbootführerschein wird allerdings erst am Geburtstag selbst ausgehändigt. Für minderjährige Führer von Sportbooten ist zudem eine Einverständniserklärung der Erziehungsberechtigten notwendig.

Außerdem ist eine medizinische Tauglichkeitsprüfung beim Arzt notwendig. Dort werden u. a. das Seh- und Hörvermögen getestet und der allgemeine gesundheitliche Zustand wird bewertet. Alles muss auf einem entsprechenden Formular eingetragen werden und darf nicht älter als ein Jahr sein.

Hat der Prüfling keinen KFZ-Führerschein, muss ein amtliches Führungszeugnis vorgelegt werden. Ist der KFZ-Führerschein vorhanden oder es handelt sich um eine minderjährige Person, entfällt dieser Punkt. Zu beachten ist weiterhin, dass Menschen mit einer ausgeprägten Rot-Grün-Sehschwäche nicht zur Prüfung zugelassen werden.

Die 2 Varianten des Führerscheins See (Theorie)

Möchten Sie den SBF-See erwerben, kommt es lediglich darauf an, ob Sie bereits Besitzer des SBF-Binnen sind oder Sie die theoretische Prüfung des SBF-Binnen in den letzten zwölf Monaten bestanden haben. Ist dies der Fall, bekommen Sie eine reduzierte Anzahl an Fragen, da diese teilweise schon in der theoretischen Prüfung des SBF-Binnen abgefragt wurden.

1. SBF-See

Zeit der Prüfung	Anzahl der Fragen zu spezifischen Themen	Anzahl korrekt beantworteter Fragen zum Bestehen
60 Minuten	7 Basisfragen	5 Basisfragen
	23 spezifische Seefragen	18 spezifische Seefragen

2. SBF-See für Besitzer des SBF-Binnen

Zeit der Prüfung	Anzahl der Fragen zu spezifischen Themen	Anzahl korrekt beantworteter Fragen zum Bestehen
50 Minuten	23 spezifische Seefragen	18 spezifische Seefragen

Da sich die 72 Basisfragen des SBF-See mit denen des SBF-Binnen überschneiden, entfallen diese, falls Sie den SBF-Binnen bereits besitzen oder in dem letzten Jahr die theoretische Prüfung zum SBF-Binnen abgelegt haben.

Zusätzlich zu den Prüfungsfragen ist ebenfalls eine Navigationsaufgabe zu lösen. Dies ist in beiden Varianten der Fall. Diese besteht aus neun Teilaufgaben, wovon sieben richtig beantwortet werden müssen. Handelt es sich um einen Folgefehler, da sich eine Antwort auf ein falsches Resultat aus der vorherigen Aufgabe bezieht, wird dies berücksichtigt und bei dennoch richtiger Lösung die Aufgabe als korrekt gewertet.

Wird nur ein Teilbereich der theoretischen Prüfung nicht bestanden, ist es nicht möglich, nur diesen zu wiederholen. In einem solchen Fall muss die theoretische Prüfung komplett wiederholt werden.

Tipps zur theoretischen Prüfung

Wie bereits bei dem SFB-Binnen erwähnt, gilt hier ebenso, die Ruhe zu bewahren und sich zunächst den Fragen zu widmen, deren Antworten Ihnen leicht von der Hand gehen. Auch hier ist immer genügend Zeit eingeplant. Anders als beim SBF-Binnen sind zur theoretischen Prüfung des SBF-See Hilfsmittel erlaubt, diese werden sogar für die Navigationsaufgabe benötigt. Diese sind in Anlage 3, Artikel 1.3 der Sportbootführerscheinverordnung (SpFV) definiert. Mitzubringen ist neben einem Stift Navigationsbesteck zum Lösen der Navigationsaufgabe auf den Seekarten. Das umfasst ein **Navigationsdreieck**, ein **Anlegedreieck**, einen **Zirkel** und einen **Bleistift**. Ein Taschenrechner ist nicht zugelassen. Zusätzlich zum Navigationsbesteck sind Portland Plotter und ein Doppellineal erlaubt.

Die praktische Prüfung

Die praktische Prüfung unterteilt sich in zwei unterschiedliche Teile. Zum einen müssen auf dem Wasser Manöver gezeigt werden und zum anderen werden Seemannsknoten überprüft, d. h., der Prüfling muss die Knoten vorführen und erklären, in welchen Bereichen sie zum Einsatz kommen. Sind Sie bereits Besitzer des SBF-Binnen, werden die Knoten nicht noch einmal überprüft, da sie ebenfalls Bestandteil der vorangegangenen Prüfung waren und bereits beim Prüfling abgefragt wurden.

Folgende Manöver sind beim **SBF-See** Pflicht:

- Anlegen
- Ablegen
- Rettungsmanöver (Boje über Bord)
- Fahren mithilfe eines Kompasses (rückwärts und vorwärts)
- Peilen (einfache Peilung oder Kreuzpeilung)

Es gibt weitere fünf Manöver, von denen der Prüfer drei auswählt. Zwei der drei Manöver müssen mit ausreichendem Ergebnis ausgeführt werden:

- Kursgerechtes Aufstoppen
- Wenden auf engem Raum
- Fahren nach Schifffahrtszeichen und Landmarken
- Sicherer Umgang mit Rettungsweste oder Sicherheitsgurten
- Manöverschallsignale

Es gibt zehn Seemannsknoten, die in der Prüfung abgefragt werden können. Sieben der zehn Knoten werden in der Prüfung abgefragt, müssen also vorgeführt und in deren Verwendung erklärt werden. Sechs davon müssen mit ausreichendem Ergebnis bewertet werden. Es sind immer zwei Versuche pro Knoten erlaubt.

Formales

Mit 25 bis 30 Stunden ist der SBF-See der aufwendigere der beiden Sportbootführerscheine. Für den SBF-Binnen werden in der Regel nur 8 bis 10 Stunden benötigt. Das beinhaltet allerdings nicht die Wartezeit für Prüfungstermine oder den Arzttermin für die Tauglichkeitsuntersuchung.

Die Kosten für alles zusammen belaufen sich auf ca. 300 Euro. Dies beinhaltet eine theoretische Schulung, die praktische Ausbildung durch eine Segelschule auf dem Wasser, Schulungsmaterial, Prüfungsgebühren und evtl. Kosten für das ärztliche Attest.

Tipp: Möchten Sie beide Führerscheine absolvieren, ist es sowohl kostengünstiger als auch zeitsparender, wenn Sie den SBF-See zuerst absolvieren.

Die Anmeldung zur Prüfung erfolgt bei einem der zuständigen Prüfungsausschüsse. Informationen zu den regionalen Prüfungsausschüssen sind z. B. auf der Internetseite des Deutschen Seglerverbandes nachzulesen:

https://www.sportbootfuehrerscheine.org/pruefungen/pruefungsausschuesse/

Dieser entscheidet dann auch über die Zulassung. Folgende Unterlagen müssen mindestens eine Woche vor dem gebuchten Prüfungstermin eingereicht werden:

- **Der Antrag zur Zulassung für den Sportbootführerschein**

Hier müssen Sie lediglich Ihre persönlichen Daten angeben, den entsprechenden Sportbootführerschein ankreuzen, für den Sie sich anmelden möchten, und das entsprechende Datum angeben, wann und wo Sie die Prüfung absolvieren wollen. Der Antrag kann ebenfalls auf der Seite des Deutschen Segelverbandes heruntergeladen werden:

https://www.sportbootfuehrerscheine.org/downloads/sbf-sportbootfuehrerschein/

- **Ein Tauglichkeitsnachweis des Bewerbers**

Das Tauglichkeitszertifikat beinhaltet eine Bewertung des Arztes zur Tauglichkeit sowie Angaben zum Hör- und Sehtest. Hat man zum Zeitpunkt der Antragsstellung im letzten Jahr bereits einen Sportbootführerschein erworben, ersetzt dieser den Tauglichkeitsnachweis. Eine Kopie muss beigefügt werden und das Original muss am Tag der Prüfung vorgelegt werden. Das Formular kann ebenfalls auf der Seite des Deutschen Segelverbandes heruntergeladen werden (siehe QR-Code weiter oben).

- **Ein gültiger Kfz-Führerschein**

Auch in diesem Fall muss eine Kopie beigefügt und das Original muss ebenfalls am Tag der Prüfung vorgelegt werden. Ist kein Führerschein vorhanden, muss ein amtliches Führungszeugnis vorgelegt werden. Bei minderjährigen Bewerbern wird auf beides verzichtet.

- **Ein aktuelles Passbild**

Das Passbild muss ein biometrisches Passbild sein, mit den Maßen 35 mm x 45 mm und ohne Kopfbedeckung.

- **Entrichtung der Gebühren**

Zusatzbereiche für Segel & Motorantrieb

Natürlich sind diese beiden am häufigsten absolvierten Sportbootführerscheine nicht die einzigen, die man in Deutschland erwerben kann. Sowohl für Segel- als auch für Motorboote gibt es weitere Scheine, die ebenfalls eine große Bedeutung im Freizeitwassersport haben.

Bodenseeschifferpatent

Ergänzend zum SBF-Binnen und dem SBF-See kann man das Bodenseeschifferpatent erlangen. Dieses bevollmächtigt den Besitzer zum Führen eines Motor- oder Segelbootes auf dem Bodensee. Das Bodenseeschifferpatent unterteilt sich in verschiedene Kategorien:

- Kategorie A: Erlaubnis zum Führen von Motorbooten mit über 4,4 kW/6 PS Motorleistung auf dem Bodensee (**Bodenseeschifferpatent unter Motor**)
- Kategorie D: Erlaubnis zum Führen von Segelbooten mit mehr als 12 qm Segelfläche auf dem Bodensee (**Bodenseeschifferpatent unter Segel**)
- Kategorie H: Erlaubnis zum Führen von Motorbooten auf dem Hochrhein (**Hochrhein-Zusatz**)

Voraussetzungen

Genau wie bei den anderen Bootsführerscheinen ist auch ein Mindestalter beim Bodenseeschifferpatent vorgeschrieben. Um das Bodenseeschifferpatent unter Motor zu erlangen, ist ein Alter von mindestens 18 Jahren Pflicht. Möchte man das Bodenseeschifferpatent der Kategorie D (unter Segel) absolvieren, reicht ein Alter von 14 Jahren aus. Auch für den Hochrheinzusatz ist ein Alter von 18 Jahren notwendig.

Außerdem ist ebenfalls eine medizinische Tauglichkeitsprüfung beim Arzt erforderlich. Dort werden u. a. das Seh- und Hörvermögen getestet und der allgemeine gesundheitliche Zustand wird bewertet. Alles muss auf einem entsprechenden Formular eingetragen werden und darf nicht älter als ein Jahr sein.

Die 3 Teile des Bodenseeschifferpatents

Die theoretische Prüfung des Bodenseeschifferpatents ist in drei unterschiedliche Teile gegliedert: Basis- und Motorteil (Kategorie A), Segel-Teil (Kategorie D) und Hochrhein-Teil (Kategorie H). Da der Teil der Kategorie A vor allem allgemeine Fragen zum Befahren des Bodensees enthält, muss dieser Teil von allen Bewerbern absolviert werden, auch wenn diese nur segeln möchten. Der Teil der Kategorie D ist zusätzlich erforderlich, wenn das Segelboot eine Segelfläche von mehr als 12 qm besitzt.

1. Basis- und Motorteil (Kategorie A)

Zeit der Prüfung	Themen	Anzahl der Fragen	Anzahl korrekt beantworteter Fragen zum Bestehen
60 Minuten	Allgemeines und Zulassung, Bau- und Ausrüstung	20	16
	Schallzeichen, Lichterführung, optische Signale	10	8
	Schifffahrtszeichen	15	12
	Ausweich- und Fahrregeln	12	9
	Umweltschutz, Seemannschaft	12	9
	Wetterkunde, Navigation	10	8
	Rheinstrecke (Alter Rhein/Seerhein)	7	5

Sind in einem der obengenannten Bereiche nicht genügend Fragen richtig beantwortet, gilt die gesamte theoretische Prüfung der Kategorie A als nicht bestanden.

2. Segel-Teil (Kategorie D)

Zeit der Prüfung	Themen	Anzahl der Fragen	Anzahl korrekt beantworteter Fragen zum Bestehen
20 Minuten	Segeln allgemein	20	16
	Segeln Fahrregeln	7	5

3. Hochrhein-Teil (Kategorie H)

Zeit der Prüfung	Themen	Anzahl der Fragen	Anzahl korrekt beantworteter Fragen zum Bestehen
20 Minuten	Hochrheinzusatz	16	13

Oft wird die theoretische Prüfung für den Hochrheinzusatz nicht am selben Tag geprüft wie die anderen Teile des Bodenseeschifferpatents. Diese erfolgt meist am Tag der praktischen Prüfung, da diese direkt auf dem Hochrhein absolviert wird.

Die praktische Prüfung

Auch die praktische Prüfung gibt es in zwei unterschiedlichen Varianten: als Motorbootprüfung und als Segelprüfung.

- Wenn Sie ein Motorboot mit mehr als 4,4 kW Leistung führen wollen, müssen Sie die theoretische Prüfung der Kategorie A (Basis- und Motorteil) ablegen sowie die praktische Motorbootprüfung (Kategorie A).
- Wenn Sie vorhaben, ein Segelboot mit mehr als 12 qm Segelfläche zu führen, ist die theoretische Prüfung der Kategorie A (Basis- und Motorteil) und D (Segeln) abzulegen sowie die praktische Segelprüfung (Kategorie D).
- Wenn Sie ein Segelboot mit mehr als 12 qm Segelfläche und einem Motor mit mehr als 4,4 kW Leistung führen möchten, ist die theoretische Prüfung der Kategorie A (Basis- und Motorteil) und D (Segeln) erforderlich sowie die praktische Motorbootprüfung (Kategorie A) und die praktische Segelprüfung (Kategorie D).

Die praktische Prüfung unterteilt sich wie der SBF-Binnen ebenfalls in zwei unterschiedliche Teile. Auch hier müssen auf dem Wasser Manöver gezeigt werden und Seemannsknoten werden abgefragt, d. h., der Prüfling muss die Knoten vorführen und erklären, in welchen Bereichen sie zum Einsatz kommen.

Folgende Manöver sind beim **Bodenseeschifferpatent unter Motor** (Kategorie A) Pflicht:

- Anlegen über Backbord/Steuerbord (vorwärts oder rückwärts)
- Ablegen über Steuerbord/Backbord
- Person über Bord

Aus diesen weiteren sechs Manövern kann der Prüfer eine beliebige Anzahl auswählen und vorführen lassen:

- Fahren nach einem vorgegebenen Kurs
- Wenden auf engem Raum
- Rückwärtsfahren mit oder ohne Richtungsänderungen
- Ankermanöver
- Einfahrt in einen Liegeplatz
- Sicherer Umgang mit Rettungsweste oder Sicherheitsgurten

Folgende Manöver sind beim **Bodenseeschifferpatent unter Segel** (Kategorie D) Pflicht:

- Mann-über-Bord-Manöver mit Q-Wende
- Mann-über-Bord-Manöver mit Rettungshalse

Aus diesen weiteren neun Manövern kann der Prüfer eine beliebige Anzahl auswählen und vorführen lassen:

- Ankern
- Beidrehen
- Fahren unterschiedlicher Kurse
- Manöverkreis
- Reffen in Fahrt
- Segel bergen, setzen und wechseln
- Vorwindkurs mit Schiften

In den folgenden fünf Gebieten müssen bei dem Hochrheinzusatz (Kategorie H) ausreichende praktische Kenntnisse gezeigt werden:

- **Anlegen Steuerbord/Backbord in der Bergfahrt und in der Talfahrt**
- **Person-über-Bord-Manöver auf einem Fließgewässer**
- **Manövrieren auf einem Fließgewässer**
- **Streckenkunde Hochrhein**
- **Ausweichregeln in der Berg- und Talfahrt**

Zudem gibt es acht Seemannsknoten, die in den Prüfungen abgefragt werden können. Diese müssen vorgeführt und in deren Verwendung erklärt werden.

Sonderregelung Ferienpatent

Ist man Besitzer des SBF-Binnen, des SBF-See oder des Sportküstenschifferscheins, kann man sich für einen Monat pro Jahr gegen eine Gebühr das Ferienpatent ausstellen lassen. Die Ausstellung erfolgt durch ein Schifffahrtsamt am Bodensee. Ein Angebot, das vor allem Urlauber und Touristen in Anspruch nehmen, die einmal im Jahr einen Urlaub am Bodensee machen. Dieses erlaubt einem dann, für maximal einen Monat im Jahr ein Sportboot auf dem Bodensee führen zu dürfen.

Ergänzungsscheine Segel

Verpflichtende Segelscheine gibt es in Deutschland nicht. Dennoch fordern viele Bootsverleihe oft genau diese. Um ihr Können nachzuweisen, gibt es für Segler heute neben dem SBF-Binnen unter Segel amtliche Segelscheine, wie z. B. den Sportküstenschifferschein. Dieser ist nicht nur explizit auf das Segeln ausgelegt, sondern erweitert auch die Kenntnisse des Inhabers und bescheinigt höherwertige Qualifikationen. Ergänzende Segelscheine gibt es für die Hochsee und küstennahe Gewässer. Alle diese Scheine bemächtigen den Besitzer, Segelyachten in entsprechenden Gewässern zu führen.

Jolle: Eine Jolle besitzt ein Schwert. Sie ist formstabil gebaut, d. h., die Rumpfform wirkt der Krängung entgegen. Dennoch ist ein Kentern möglich.

Yacht: Eine Yacht hat einen Ballastkiel und ist damit gewichtsstabil. Durch den tiefliegenden Ballastkiel wirkt dieser der Krängung entgegen, daher ist das Kentern auch bei einer Kränkung von 90° nicht möglich (das Boot liegt waagerecht in der Luft).

Krängung bezeichnet die Neigung von Booten zur Seite, beispielsweise beim Fahren von Kurven und Wendungen.

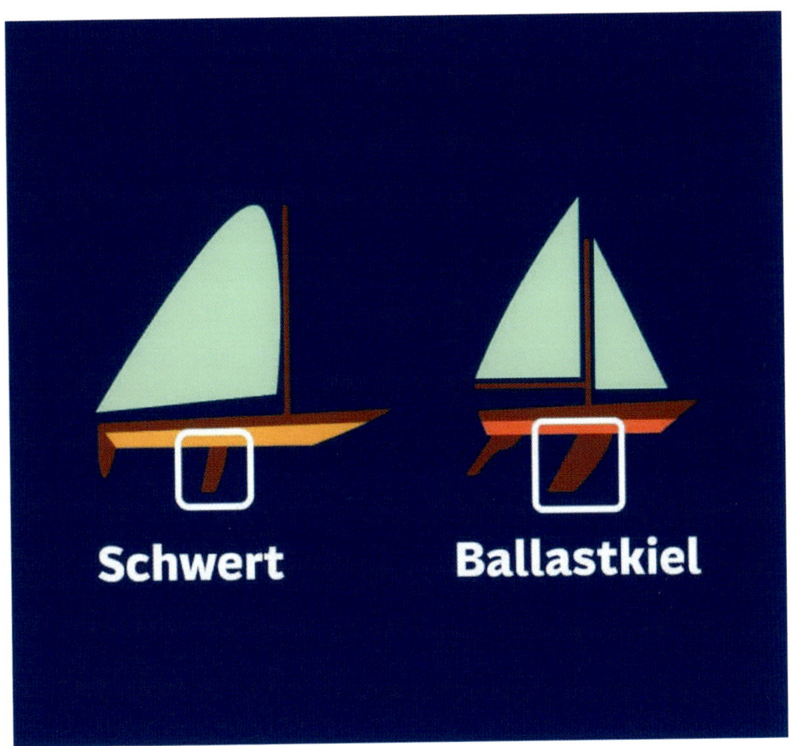

Sportküstenschifferschein (SKS)

Der Sportküstenschifferschein berechtigt den Besitzer zum Führen einer Yacht in Küstenrevieren bis zu zwölf Seemeilen seewärts, stellt also noch eine Steigerung zum Führerschein SBF-See dar. Zudem ist der SKS sowohl unter Motor als auch unter Segel zu erwerben. Anders als beim SBF-See, dessen Fokus auf Motorbooten liegt, haben Sie mit dem SKS also auch einen Nachweis Ihrer Segelqualitäten in der Hand. Vorgeschrieben ist der SKS nicht, er stellt vielmehr eine Ergänzung zum SBF-See dar, dessen Fokus auf der Vermittlung der Herausforderung, eine Segelyacht in Küstengewässern zu führen, liegt. Nicht nur die zusätzliche Praxis, sondern auch viele Inhalte über die des SBF-See hinaus befähigen den Besitzer zu einem sicheren Umgang mit Yachten in Küstengewässern. Teilnehmer werden z. B. besonders für Gefahren auf der See sensibilisiert. Wetter, Wellen und Strömung sowie technische Defekte der Antriebsmaschine sind daher wichtige Themen, die behandelt werden.

Voraussetzung

Um den SKS zu erwerben, müssen Sie die folgenden Voraussetzungen erfüllen:

- Nur für Besitzer des SBF-See ist der Erwerb des SKS möglich
- Praktische Erfahrung muss nachgewiesen werden
  - 300 Seemeilen als Skipper, Rudergänger, Navigator oder Wachführer auf dem Meer nach Bestehen des SBF-See
- Mindestalter von 16 Jahren

Formales

Der theoretische Teil des SKS kann vor Ort, aber auch online absolviert werden. Die Anmeldung zur praktischen Prüfung erfolgt bei dem zuständigen regionalen Prüfungsausschuss. Es werden hierzu der Antrag auf Zulassung, eine Kopie des Führerscheins des SBF-See, ein Passbild und zur Anmeldung der praktischen Prüfung der Seemeilennachweis benötigt. Zudem müssen die fälligen Gebühren für die Prüfung entrichtet werden. Der Antrag auf Zulassung kann über die folgende Webseite heruntergeladen werden:

https://www.sportbootfuehrerscheine.org/downloads/sks-sportkuestenschifferschein/

Theoretische Prüfung

Es gibt vier verschiedene Themengebiete, die in der theoretischen Prüfung behandelt werden. Diese unterteilen sich in Navigation, Seemannschaft, Schifffahrtsrecht und Wetterkunde. Der fünfte Bereich der Segeltechnik ist nur dann relevant, wenn Sie den SKS unter Segel ablegen. Die folgenden Themen werden vertieft betrachtet:

- Berücksichtigung von Wind und Strömung in der Kursberechnung
- Ermittlung von Strömung
- GPS und Radar
- Peilungen
- Leuchtfeuerverzeichnis
- Anwendung von Ablenkungstabelle und Steuertafel
- Anwendung der DIN 13312 im Bereich Navigation
- Wolkenformen und -arten
- Interpretation von Wetterkarten
- Wetterkenntnisse und Erkennen von Schlechtwetterlagen
- Sicherheit und Bootstechnik
- Kollisionsverhütungsregeln, Seeschifffahrtsstraßen-Ordnung
- Segeltechnik, Segelmanöver (nur bei Prüfung „Motor & Segel“)

Die theoretische Prüfung für den SKS besteht aus zwei unterschiedlichen Teilen. Zum einen ist ein Fragebogen auszufüllen, der aus Klartextfragen (also kein Multiple Choice) besteht, und zum anderen muss eine Navigationsaufgabe gelöst werden. Die Aufgabe ist etwas komplexer, daher stehen 90 Minuten zum Lösen der Navigationsaufgabe zur Verfügung. Die gleiche Zeit steht zusätzlich zum Beantworten der Fragen zur Verfügung. Sollten Unklarheiten bei den gegebenen Antworten herrschen oder sollte eine unzureichende Punktzahl erreicht worden sein, kann noch ein mündlicher Teil folgen. Dieser dauert in der Regel nicht länger als 15 Minuten. Die beiden Teile müssen nicht am selben Tag absolviert werden.

Folgende Materialien sollten zur Prüfung mitgebracht werden:

- Kursdreieck
- Anlegedreieck oder Lineal
- Zirkel
- ein nicht programmierbarer Taschenrechner
- die Übungskarten „Deutsche Seekarte D49 (INT 1463), Stand 2011, XII – Nordsee: Mündungen der Jade, Weser und Elbe“ und 1/INT1
- Begleitheft für die Kartenaufgaben (Ausgabe 2013)

Praktische Prüfung

In der praktischen Prüfung muss der Prüfling sein theoretisches Wissen praktisch umsetzen und zeigen, dass er in der Lage ist, eine Yacht sicher unter Motor oder unter Segel zu führen.
Zu den Pflichtmanövern gehören:

- Das Rettungsmanöver Mann-über-Bord

Weitere Manöver, die abgefragt werden können, sind:

- An-/Ablegen, Wenden auf engem Raum, Steuern mithilfe eines Kompass, Ankern etc.
- unter Segel: Segel setzen/bergen, Anluven, Abfallen, Wenden, Halsen, Beidrehen, Aufschießen etc.

Sonstige Aufgaben können die folgenden Bereiche betreffen:

- Seemannschaft (Sicherheitsausrüstung und -einweisung, Umgang mit Leinen beim An- und Ablegen)
- Wetterkunde (Einschätzung des aktuellen Wetters und dessen Entwicklung und Ablesen der Instrumente)
- Navigation (Bestimmung des Schiffsortes, Kurse bestimmen und umwandeln, Arbeiten mit Kompass, Funknavigation)
- Motortechnik und deren Bedienung
- Elektrik, Gasanlage

Wichtig bei der praktischen Prüfung ist nicht nur das richtige Führen einer Yacht, auch die Anweisungen an die Crew müssen konkret und gut verständlich sein. Neben den Manövern wird zudem das Wissen zu Seemannschaft, Handhabung von Leinen, Wetterkunde, Navigation, Motorkunde, elektrische Anlage und Gasanlage abgefragt. Hier müssen mindestens drei der vier Fragen korrekt beantwortet werden.

Sportseeschifferschein (SSS)

Der Sportseeschifferschein berechtigt den Besitzer zum Führen einer Yacht in Küstenrevieren bis zu 30 Seemeilen seewärts, stellt also noch eine Steigerung zum Führerschein Sportküstenschifferschein (SKS) und auch zum SBF-See dar. Zusätzlich deckt der SSS die gesamte Nord- und Ostsee, den Englischen Kanal, den Bristolkanal, die Irische und Schottische See, das Mittelmeer und das Schwarze Meer ab. Es handelt sich beim SSS um einen amtlichen Zusatzschein, er ist also freiwillig und geht vertiefend auf die Inhalte ein, die bereits im SBF-See und beim SKS gelehrt werden. Möchte man jedoch gewerbsmäßig Sportboote in küstennahen Gewässern führen, ist der SSS-Vorschrift.
Die Ausbildung des SSS und damit auch die theoretische und praktische Abschlussprüfung sind nicht zu vergleichen mit der des SKS und des SBF-See. Möchte man den SSS bestehen, muss man um einiges mehr Zeit einplanen, da dieser Schein komplexer und anspruchsvoller ist als die vorher erworbenen Scheine des SBF-See und des SKS.

Voraussetzung

Um den SSS zu erwerben, müssen Sie die folgenden Voraussetzungen erfüllen:

- Nur für Besitzer des SBF-See und des SKS ist der Erwerb des SSS möglich
- Praktische Erfahrung muss nachgewiesen werden
  - Seemeilen als Wachführer oder Vertreter im Geltungsbereich der Seeschifferstraßen nach Erwerb des SBF-See (davon 500 Seemeilen vor der theoretischen Prüfung)
  - 700 Seemeilen im Seebereich nach Erwerb des SKS
- Mindestalter von 16 Jahren

Formales

Der theoretische Teil des SSS kann vor Ort, aber auch online absolviert werden. Die Anmeldung zur praktischen Prüfung erfolgt bei dem zuständigen regionalen Prüfungsausschuss. Es werden hierzu der Antrag auf Zulassung, eine Kopie des Führerscheins des SBF-See und des SKS, ein Passbild und zur Anmeldung der praktischen Prüfung der Seemeilennachweis benötigt. Zudem müssen die fälligen Gebühren für die Prüfung entrichtet werden. Der Antrag auf Zulassung kann über die folgende Webseite heruntergeladen werden:

https://www.sportbootfuehrerscheine.org/fuehrerscheine-funk/sss-sportseeschifferschein/

Theoretische Prüfung

Genau wie beim SKS gibt es auch beim SSS die vier verschiedenen Themengebiete, die in der theoretischen Prüfung behandelt werden. Diese unterteilen sich in Navigation, Seemannschaft, Schifffahrtsrecht und Wetterkunde. Diese Themengebiete unterteilen sich in vier eigenständige Prüfungen und können alle zusammen oder einzeln absolviert werden, müssen aber innerhalb von 24 Monaten abgelegt werden. Zudem wird nicht mehr aus einem vorgegebenen Fragenkatalog ausgewählt, sodass man nicht mehr nur die Fragen auswendig lernen kann.

Navigation: Es müssen verschiedene Kartenaufgaben gelöst werden. Zudem behandeln weitere Aufgaben die Themen Gezeiten und elektrische Navigation.

Seemannschaft: Hier spielen vor allem Themen wie Sicherheit, der Bootsbau und Schwerwetter eine wichtige Rolle.

Seeschifffahrtsrecht: Vor allem geht es in diesem Bereich um die Seeschifffahrtsstraßenordnung, Seeunfälle und Kollisionsvermeidung. Umweltschutz und Radarplotter werden ebenfalls behandelt.

Wetterkunde: Themengebiete wie der Seewetterbericht, Seegang, Okklusion, Wind und Wolken werden hier abgefragt.
Folgende Materialien sollten zur Prüfung mitgebracht werden:

- Kursdreieck
- Anlegedreieck oder Lineal
- Zirkel
- ein nicht programmierbarer Taschenrechner
- die Übungskarte BA 2656 Ü, Stand 2005

- Karte 1/INT 1
- Begleitheft SSS/SHS Stand ab 2005 mit Formelsammlung
- Radarplotscheibe (siehe hierzu vorangegangenen QR-Code)

Praktische Prüfung

In der praktischen Prüfung muss der Prüfling sein theoretisches Wissen praktisch umsetzen und zeigen, dass er in der Lage ist, eine Yacht unter Motor oder unter Segel zu führen. Hierzu gehören die folgenden Inhalte:

- Seemannschaft
  - Rettungsmanöver (Boje über Bord)
  - Notfall-Management
  - Handhabung der Yacht
  - Technik
- Navigation
  - Papierseekarte / Nautische Literatur
  - ECS
  - Radar
- Wetterkunde

Sporthochseeschifferschein (SHS)

Der Sporthochseeschifferschein berechtigt den Besitzer zum Führen einer Yacht in weltweiten Seegewässern, stellt also noch eine Steigerung zum Führerschein Sportseeschifferschein (SSS) dar. Es handelt sich beim SHS um einen amtlichen Zusatzschein, er ist also freiwillig und geht vertiefend auf die Inhalte ein, die bereits beim SKS und SSS gelehrt werden. Möchte man jedoch gewerbsmäßig Sportboote führen und verlässt den Geltungsbereich des SSS, ist der SHS Vorschrift. Die Ausbildung des SHS und damit auch die theoretische und praktische Abschlussprüfung sind vergleichbar mit denen des SSS. Die Prüfung muss allerdings vor der Zentralen Verwaltungsstelle (ZVS) in Hamburg abgelegt werden.

Voraussetzung

Um den SHS zu erwerben, müssen Sie die folgenden Voraussetzungen erfüllen:

- Nur für Besitzer des SBF-See, des SKS und SSS ist der Erwerb des SHS möglich
- Praktische Erfahrung muss nachgewiesen werden
  - 1.000 Seemeilen als Wachführer oder Vertreter im Geltungsbereich der Seeschifferstraßen nach Erwerb des SSS (davon 500 Seemeilen vor der theoretischen Prüfung)
- Mindestalter von 18 Jahren

Formales

Die Prüfung des SHS unterteilt sich nicht wie bei anderen Prüfungen der Sportbootführerscheine in einen theoretischen und praktischen Teil. Beim SHS wird nur eine Theorieprüfung abgelegt. Diese wird sowohl schriftlich als auch mündlich abgenommen. Die Anmeldung zur praktischen Prüfung erfolgt bei der Zentralen Verwaltungsstelle (ZVS) in Hamburg. Es werden hierzu der Antrag auf Zulassung, eine Kopie der bereits vorhandenen Sportbootführerscheine, ein Passbild und der Seemeilennachweis benötigt. Zudem müssen die fälligen Gebühren für die Prüfung entrichtet werden. Der Antrag auf Zulassung kann über die folgende Webseite heruntergeladen werden:

https://www.sportbootfuehrerscheine.org/fuehrerscheine-funk/shs-sporthochseeschifferschein/

Theoretische Prüfung

Der SHS konzentriert sich auf die drei verschiedenen Themengebiete der Navigation, des Schifffahrtsrechts und der Wetterkunde. Dabei sind die Prüfungsfragen nicht bekannt. Dementsprechend umfangreich hat sich der Prüfling vorzubereiten.

Navigation: Es müssen verschiedene Kartenaufgaben gelöst werden. Dabei muss die richtige Verwendung eines Sextanten demonstriert werden.

Seeschifffahrtsrecht: Vor allem geht es in diesem Bereich um das internationale Seerecht.

Wetterkunde: Auch hier werden vor allem Besonderheiten von Wetterbedingungen behandelt, wie z. B. tropische Wirbelstürme.
Folgende Materialien sollten zur Prüfung mitgebracht werden:

- Kursdreieck
- Anlegedreieck oder Lineal
- Zirkel
- ein nicht programmierbarer Taschenrechner
- die Übungskarte BA 2656 Ü, Stand 2005
- Karte 1/INT 1
- Begleitheft SSS/SHS Stand ab 2005 mit Formelsammlung
- Radarplotscheibe, herunterzuladen hier:

https://www.sportbootfuehrerscheine.org/downloads/sss-sportseeschiffer-schein/radarplotscheibe/

Ergänzungsschein Sicherheit

Neben den eigentlichen Sportbootführerscheinen gibt es noch einige ergänzende Scheine zum Thema Sicherheit. So kann man beispielsweise unterschiedliche Funkscheine erwerben. Falls Sie jedoch ein Seenotsignalmittel auf dem Boot mit sich führen wollen, um in einer Gefahrensituation auf sich aufmerksam machen zu können, sollten ebenfalls entsprechende Scheine vorhanden sein, die Sie dazu berechtigen. Wann welcher Schein Sinn macht oder sogar verpflichtend ist, wird im Folgenden beschrieben.

Funkzeugnisse

„Jedes mit einer Sprechfunkanlage ausgerüstete Fahrzeug muss sich vor der Einfahrt in unübersichtliche Strecken, Fahrwasserengen oder Brückenöffnungen auf dem für den Verkehrskreis Schiff - Schiff zugewiesenen Kanal melden." (§4.05 Abs. 4 BinSchStrO)

Ist auf dem Boot, das Sie führen, eine Funkanlagefest eingebaut, müssen Sie diese Anlage auch verwenden und über den entsprechenden Schein verfügen. Eine Übersicht der Scheine und deren Geltungsbereiche ist in der folgenden Tabelle dargestellt.

Funkschein	Frequenz	Geltungsbereich
UBI	UKW	Europa Binnengewässer
SRC	UKW	Meere weltweit
LRC	UKW, GW, KW, Inmarsat	Meere weltweit

UBI

Fahren Sie mit Ihrem eigenen oder einem geliehenen Boot, in dem eine UKW-Anlage fest installiert ist, auf Binnengewässern, benötigen Sie für deren Benutzung das **UKW-Sprechfunkzeugnis für den Binnenschifffahrtsfunk (UBI)**.

Um die Prüfung ablegen zu können, ist ein Mindestalter von 15 Jahren vorgeschrieben. Die Prüfung darf aber bereits drei Monate vor dem 15. Geburtstag abgelegt werden, der Funkschein wird allerdings erst am Geburtstag selbst ausgehändigt. Sie wird vor einem regionalen Prüfungsausschuss des

Deutschen Motoryachtverbandes (DMYV) oder des Deutschen Segler-Verbandes (DSV) abgelegt.

Die **theoretische Prüfung** kann in zwei unterschiedlichen Varianten abgelegt werden:

1. UBI-Standardprüfung

Zeit der Prüfung	Anzahl der Fragen	Anzahl korrekt beantworteter Fragen zum Bestehen
60 Minuten	22 Prüfungsfragen	17 Prüfungsfragen

2. UBI-Ergänzungsprüfung (für Besitzer des SRC oder LRC)

Zeit der Prüfung	Anzahl der Fragen	Anzahl korrekt beantworteter Fragen zum Bestehen
30 Minuten	10 Prüfungsfragen	8 Prüfungsfragen

Folgende Inhalte werden in der theoretischen Prüfung abgefragt:

- Wichtige Merkmale (Verkehrskreise)
- Arten und Rangfolgen des Funkverkehrs
- Frequenzen und wofür sie genutzt werden
- ATIS (Automatisches Senderidentifikationssystem)
- Bestimmung und Technik einer Funkanlage
- Funkstellen

Die Fragen werden aus einem Fragenkatalog ausgewählt. Ein Multiple-Choice-Fragebogen muss zur theoretischen Prüfung ausgefüllt werden.

Im Gegensatz dazu besteht die **praktische Prüfung** aus drei unterschiedlichen Teilen. Diese beschäftigen sich mit einer Textaufnahme, einer Textabgabe und der generellen Bedienung des Funkgerätes.

Bei Textaufnahme und -abgabe wird geprüft, ob Sie die internationale Buchstabiertafel richtig verwenden können. So werden Probetexte vorgelesen, die Sie mitschreiben müssen, und es ist ein Probetext vorzulesen. Orts- und Schiffsnamen müssen dabei mit der Buchstabiertafel buchstabiert werden.

Im dritten Teil wird geprüft, wie Sie mit dem realen Funkgerät arbeiten und ob Sie fähig sind, eine Meldung korrekt abzusetzen. Dabei wird nicht nur der Inhalt der Nachricht auf seine Richtigkeit geprüft, sondern auch der Umgang mit dem Gerät abgenommen. Folgende Dinge sind während der Prüfung zu beachten:

- **Das Gerät muss sich im ATIS-Modus befinden:** Dabei handelt es sich um den Modus im Binnenbereich. ATIS steht für „Automatic Transmitter Identification System". Der DSC-Modus ist ausschließlich für den Seefunk zugelassen. „DSC" steht hierbei für „Digital Selective Calling" und bedeutet „Digitaler Selektivruf". Die Verwendung von diesem wäre daher in der Prüfung nicht korrekt.
- **Einstellung der richtigen Sendeleistung:** Die Frage dabei ist, wen das Sendesignal erreichen soll. Ist die Meldung nur für Empfänger in der Nähe wichtig, wenn Sie z. B. in einen engeren Bereich einfahren und ihre Position durchgeben möchten, oder handelt es sich z. B. um ein Notsignal, das eine größtmögliche Reichweite haben sollte.
- **Den richtigen Kanal für den Funkspruch auswählen**
- **Die richtige Einstellung der Rauschsperre:** Lautstärke und Rauschsperre müssen in einem richtigen Verhältnis zueinander eingestellt sein, sonst können Sie die Funksprüche nicht einwandfrei hören. Bei jedem Kanalwechsel muss die Rauschsperre deshalb erneut eingestellt werden.

Die Anmeldung zur Prüfung erfolgt bei dem zuständigen regionalen Prüfungsausschuss. Es werden hierzu der Antrag auf Zulassung und ein Passbild benötigt. Zudem müssen die fälligen Gebühren für die Prüfung entrichtet werden. Der Antrag auf Zulassung kann über die folgende Webseite heruntergeladen werden:

https://www.sportbootfuehrerscheine.org/fuehrerscheine-funk/ubi-ukw-sprechfunkzeugnis/

SRC

Fahren Sie mit Ihrem eigenen oder einem geliehenen Boot, in dem eine UKW-Anlage fest verbaut ist, auf Seegewässern, benötigen Sie für deren Benutzung das **beschränkt gültige Funkbetriebszeugnis – Short Range Certificate (SRC)**. Dieses gilt bis 30-40 Seemeilen vor der Küste. Um bei noch größeren Distanzen in Kontakt mit dem Land bleiben zu können, benötigen Sie eine erweiterte Funkausrüstung und dementsprechend auch einen erweiterten Funkschein. Dann reicht das SRC nicht mehr aus.

Um die Prüfung ablegen zu können, ist, genau wie bei der UBI-Prüfung (UKW-Sprechfunkzeugnis für den Binnenschifffahrtsfunk) auch, ein Mindestalter von 15 Jahren vorgeschrieben. Die Prüfung darf aber bereits drei Monate vor dem 15. Geburtstag abgelegt werden, der Funkschein wird allerdings erst am Geburtstag selbst ausgehändigt. Sie wird vor einem regionalen Prüfungsausschuss des Deutschen Motoryachtverbandes (DMYV) oder des Deutschen Segler-Verbandes (DSV) abgelegt.

Die **theoretische Prüfung** kann in zwei unterschiedlichen Varianten abgelegt werden:

1. SCR-Standardprüfung

Zeit der Prüfung	Anzahl der Fragen	Anzahl korrekt beantworteter Fragen zum Bestehen
30 Minuten	24 Prüfungsfragen	19 Prüfungsfragen

2. SCR-Anpassungsprüfung (für Besitzer des SRC, ausgestellt durch die RYA)

Zeit der Prüfung	Anzahl der Fragen	Anzahl korrekt beantworteter Fragen zum Bestehen
30 Minuten	10 Prüfungsfragen	8 Prüfungsfragen

Auch die Royal Yachting Association (RYA), der britische Dachverband für den Segelsport, stellt das SCR aus. Nimmt man am mobilen Seefunk unter deutscher Flagge teil, so schreibt der Staat vor, dass das SRC durch den DSV oder den DMYV ausgestellt sein muss. Daher muss eine Anpassungsprüfung stattfinden.

Folgende Inhalte werden in der theoretischen Prüfung abgefragt:

- Mobiler Seefunkdienst
- Weltweites Seenot- und Sicherheitsfunksystem GMDSS
- Öffentlicher/nicht öffentlicher Nachrichtenaustausch
- Englische Sprache in Wort und Schrift zur internationalen Kommunikation

Die theoretische Prüfung besteht aus zwei Teilen. Zum einen werden die Fragen aus einem Fragenkatalog ausgewählt und ein Multiple-Choice-Fragebogen muss beantwortet werden. Zum anderen wird die englische Sprache geprüft. Ein Notsignal wird in englischer Sprache aufgenommen und muss anschließend ins Deutsche übersetzt werden. Des Weiteren ist ein vorgegebener deutscher Text in die englische Sprache zu übersetzen. Dieser Teil kann auch mündlich geprüft werden.

Die **praktische Prüfung** besteht aus den Pflichtaufgaben und sonstigen Aufgaben. Von den Pflichtaufgaben müssen vier gezeigt werden:

- Editieren eines DSC-Controllers und Senden eines Notalarms
- Speicherabfrage und Bestätigung des Empfangs eines DSC-Notalarms
- Senden einer Notmeldung
- Weiterleitung eines Notalarms per Sprechfunk (Distress Relay)
- Beenden des Notverkehrs
- Senden eines Dringlichkeitsanrufes und Abgabe einer Dringlichkeitsmeldung
- Beenden eines Fehlalarms
- Senden eines Sicherheitsanrufs

Von den sonstigen Aufgaben werden drei ausgewählt, die Sie vorführen müssen:

- DSC-Speicherabfrage und Empfangsbestätigung
- Abwicklung des Notverkehrs
- Funkstille gebieten
- Abwicklung des Funkverkehrs vor Ort
- Beenden einer Dringlichkeitsmeldung
- Kanalwechsel
- Abwicklung des Routinefunkverkehrs mit einer Seefunkstelle/Küstenfunkstelle
- DSC-Controller editieren und Senden eines Routineanrufs an eine Küstenfunkstelle
- Einstellen des DSC-Controllers und dessen Editierung

Folgende Dinge sind während der Prüfung zu beachten:

- **Das Gerät muss sich im DSC-Modus befinden:** Dabei handelt es sich um den Modus, der im Geltungsbereich See für den Seefunk benutzt wird. Der ATIS-Modus, wie bereits weiter oben erwähnt, ist ausschließlich für den Binnenfunk zugelassen. Die Verwendung von diesem wäre daher in der Prüfung nicht korrekt.
- **Einstellung der richtigen Sendeleistung:** Die Frage dabei ist, wen das Sendesignal erreichen soll. Ist die Meldung nur für Empfänger in der Nähe wichtig, wenn Sie z. B. in einen engeren Bereich einfahren und ihre Position durchgeben möchten, oder handelt es sich z. B. um ein Notsignal, das eine größtmögliche Reichweite haben sollte.
- **Den richtigen Kanal für den Funkspruch auswählen**

• **Die richtige Einstellung der Rauschsperre:** Lautstärke und Rauschsperre müssen in einem richtigen Verhältnis zueinander eingestellt sein, sonst können Sie die Funksprüche nicht richtig hören. Bei jedem Kanalwechsel muss die Rauschsperre deshalb erneut eingestellt werden.

Die Anmeldung zur Prüfung erfolgt bei dem zuständigen regionalen Prüfungsausschuss. Es werden hierzu der Antrag auf Zulassung, ein Passbild und die bereits erworbenen Funkscheine benötigt. Zudem müssen die fälligen Gebühren für die Prüfung entrichtet werden. Der Antrag auf Zulassung kann über die folgende Webseite heruntergeladen werden:

https://www.sportbootfuehrerscheine.org/fuehrerscheine-funk/src-short-range-certificate/

LRC

Fahren Sie mit Ihrem eigenen oder einem geliehenen Boot, in dem eine UKW-Anlage fest verbaut ist, auf Seegewässern, benötigen Sie für deren Benutzung das beschränkt gültige Funkbetriebszeugnis – Short Range Certificate (SRC). Dieses gilt bis 30-40 Seemeilen vor der Küste. Um bei noch größeren Distanzen in Kontakt mit dem Land bleiben zu können, benötigen Sie eine erweiterte Funkausrüstung und dementsprechend, um diese auch bedienen zu dürfen, auch einen erweiterten Funkschein. Dann reicht das SRC nicht mehr aus. Das **Long Range Certificate (LRC)** baut auf dem SRC auf. Sind Sie noch nicht im Besitz des SRC, müssen Sie daher erst die Prüfung des SRC ablegen. Das LRC erlaubt Ihnen nicht nur die Bedienung von UKW-Anlagen, sondern Sie können zusätzlich am Kurzwellen- (KW), Grenzwellen- (GW) und Satellitenfunk (Inmarsat) teilnehmen. Es erlaubt Ihnen also, am internationalen Seenot- und Sicherheitsfunksystem teilzunehmen.

Um die Prüfung ablegen zu können, ist, genau wie bei der UBI-Prüfung auch, ein Mindestalter von 18 Jahren vorgeschrieben. Die Prüfung darf aber bereits drei Monate vor der erreichten Volljährigkeit abgelegt werden, der Funkschein wird allerdings erst ab dem 18. Geburtstag selbst ausgehändigt. Sie können sich selbstständig zur Prüfung anmelden und legen diese vor einem regionalen Prüfungsausschuss des Deutschen Motoryachtverbandes (DMYV) oder des Deutschen Segler-Verbandes (DSV) ab.

Die **theoretische Prüfung** kann in zwei unterschiedlichen Varianten abgelegt werden:

1. LCR-Standardprüfung

Zeit der Prüfung	Anzahl der Fragen	Anzahl korrekt beantworteter Fragen zum Bestehen
20 Minuten	14 Prüfungsfragen	11 Prüfungsfragen

2. LCR in Kombination mit SCR

Zeit der Prüfung	Anzahl der Fragen	Anzahl korrekt beantworteter Fragen zum Bestehen
60 Minuten	24 Prüfungsfragen (SCR)	8 Prüfungsfragen (SCR)
	14 Prüfungsfragen (LCR)	11 Prüfungsfragen (LCR)

Folgende Inhalte werden in der theoretischen Prüfung abgefragt:

- Alle Kenntnisse des SRC
- Kurzwelle und Grenzwelle
- Betriebsarten Funkfernschreiben, Faksimile, Daten
- Telekommunikation über Satellit/Inmarsat
- Weltweite Geografie (Hauptschifffahrtswege mit entsprechenden Nachrichtenübertragungswegen)

Die theoretische Prüfung besteht aus zwei Teilen. Zum einen werden die Fragen aus einem Fragenkatalog ausgewählt und ein Multiple-Choice-Fragebogen muss beantwortet werden. Zum anderen wird die englische Sprache geprüft. Ein Notsignal wird in englischer Sprache aufgenommen und muss anschließend ins Deutsche übersetzt werden. Genauso muss ebenfalls ein vorgegebener deutscher Text in die englische Sprache übersetzt werden. Dieser Teil kann auch mündlich geprüft werden.

Sollten Sie den SCR bereits besitzen und ausschließlich die Prüfung zum LRC ablegen, wird keine Übersetzung geprüft.

Die **praktische Prüfung** besteht aus den Pflichtaufgaben zum terrestrischen Seefunk (GW und KW) und den Pflichtaufgaben zum Satellitenfunk. Von den Pflichtaufgaben zum **terrestrischen Seefunk** müssen vier gezeigt werden:

- Controller editieren
- Aussenden einer Notmeldung
- Beenden des Notverkehrs
- Senden eines Dringlichkeitsanrufes und Abgabe der Dringlichkeitsmeldung
- Speicherabfrage und Bestätigung des Empfangs eines DSC-Notalarms
- Weiterleitung eines Notalarms und Information der Seefunkstelle in Not
- Beenden eines Fehlalarms
- Speicherabfrage, Aufnahme der Dringlichkeitsmeldung und Einleitung weiterer Maßnahmen

Im Bereich des Satellitenfunks müssen alle vier Pflichtaufgaben absolviert werden:

- Konfigurieren der Anlage (Betriebsbereitschaft herstellen)
- Einleiten/Auslösen eines Seenotalarms
- Herstellen von Telexverbindungen
- Beenden der Betriebsbereitschaft

Zudem gibt es fünf Wahlaufgaben, aus denen der Prüfer zwei auswählt:

- Editieren und Abspeichern eines Textes
- Anlage eines Adressbuches
- Kontrolle des Log
- Senden eines Faxes
- Access Code (Zugangscode) verwenden

Da die unterschiedlichen Prüfungsausschüsse teilweise auch verschiedene Geräte sowie Simulationssoftwares benutzen, informieren Sie sich unbedingt vor dem Prüfungsbeginn bei Ihrem Prüfungsausschuss, welches Gerät und welche Software verwendet werden. Am wichtigsten in der Prüfung ist der sichere Umgang mit beidem, daher ist es von großem Vorteil, wenn Sie wissen, mit welchem Gerät Sie arbeiten werden.

Die Anmeldung zur Prüfung erfolgt bei dem zuständigen regionalen Prüfungsausschuss. Es werden hierzu der Antrag auf Zulassung, ein Passbild und die bereits erworbenen Funkscheine (SRC, wenn vorhanden) benötigt. Zudem müssen die fälligen Gebühren für die Prüfung entrichtet werden. Der Antrag auf Zulassung kann über die folgende Webseite heruntergeladen werden:

https://www.sportbootfuehrerscheine.org/fuehrerscheine-funk/lrc-long-range-certificate/

Sachkundenachweis Seenotsignalmittel

Sollten Sie auf Ihrem Boot Seenotsignale jeglicher Art mit sich führen, benötigt mindestens ein Crew-Mitglied den Pyroschein. Dabei unterscheidet man zudem zwischen dem Fachkundenachweis für Seenotsignale (FKN) und dem Sachkundenachweis für Seenotsignale (SKN). Wann welcher Pyroschein zum Tragen kommt, wird in den folgenden zwei Kapiteln aufgeklärt.

Kleiner Pyroschein (FKN)

Möchten Sie pyrotechnische Seenotsignalmittel auf Ihrem Boot mit sich führen, benötigen Sie dazu den **Fachkundenachweis für Seenotsignale (FKN)**, auch **kleiner Pyroschein** genannt. Dieser erlaubt es Ihnen, Seenotsignalmittel der Unterklasse T2 zu kaufen und an Bord des Bootes mit sich zu führen. Zu dieser Kategorie zählen Signalraketen, Rauchfackeln und andere Signalmittel.

Um die Prüfung ablegen zu können, ist ein Mindestalter von 16 Jahren vorgeschrieben. Die Prüfung darf aber bereits drei Monate vor dem 16. Geburtstag abgelegt werden, der Funkschein wird allerdings erst am Geburtstag selbst ausgehändigt. Außerdem muss ein Sportbootführerschein jeglicher Art vorgelegt werden. Sie können sich selbstständig zur Prüfung anmelden. Diese wird vor einem regionalen Prüfungsausschuss des Deutschen Motoryachtverbandes (DMYV) oder des Deutschen Segler-Verbandes (DSV) abgelegt.

Folgende Rahmenbedingungen gelten für die **theoretische Prüfung**:

Zeit der Prüfung	Anzahl der Fragen	Anzahl korrekt beantworteter Fragen zum Bestehen
30 Minuten	15 Prüfungsfragen (Bewertung 0-2 Punkte/Frage möglich)	24 Punkte müssen zum Bestehen erreicht werden

Folgende Inhalte werden in der theoretischen Prüfung abgefragt:

- Sprengstoffrecht
- Grundkenntnisse zu den Themen Sachkunde, Waffenbesitzkarte, Kleiner Waffenschein
- Waffen und deren Kennzeichnung

Die Fragen werden aus einem Fragenkatalog von 60 Fragen ausgewählt. Teils müssen die Fragen schriftlich beantwortet werden, es kommen aber auch Multiple-Choice-Fragen vor.

In der **praktischen Prüfung** werden folgende Inhalte geprüft:

- Richtige Handhabung einer Fallschirm-Signalrakete
- Richtige Handhabung einer Rauchfackel bzw. Handfackel
- Richtige Handhabung eines Rauchsignals
- Richtige Handhabung eines Signalgebers mit Magazin/Trommel
- Richtige Handhabung von Signalmitteln, die nicht gezündet haben

Die Anmeldung zur Prüfung erfolgt bei dem zuständigen regionalen Prüfungsausschuss. Es werden hierzu der Antrag auf Zulassung, eine Kopie des Sportbootführerscheins und ein Passbild benötigt. Zudem müssen die fälligen Gebühren für die Prüfung entrichtet werden. Der Antrag auf Zulassung kann über die folgende Webseite heruntergeladen werden:

https://www.sportbootfuehrerscheine.org/fuehrerscheine-funk/fkn-fachkundenachweis/

Großer Pyroschein (SKN)

Möchten Sie außerdem eine Signalpistole auf Ihrem Boot mitführen, ist der **Sachkundenachweis für Seenotsignale (SKN)**, auch der **große Pyroschein** genannt, nötig. Dieser ist Voraussetzung dafür, dass Sie eine Waffenbesitzkarte beantragen können, welche wiederum ebenfalls zum Besitz und Transport einer Signalpistole dringend erforderlich ist.
Um die Prüfung ablegen zu können, ist ein Mindestalter von 18 Jahren vorgeschrieben. Die Prüfung darf aber bereits drei Monate vor Erreichung der Volljährigkeit abgelegt werden, der Funkschein wird allerdings erst ab dem 18. Geburtstag selbst ausgehändigt. Die Vorlage eines Sportbootführerscheins jeglicher Art muss nicht vorgelegt werden. Die Prüfung kann nur bei wenigen Bootsschulen in Deutschland abgelegt werden.

Folgende Rahmenbedingungen gelten für die **theoretische Prüfung**:

Zeit der Prüfung	Anzahl der Fragen	Anzahl korrekt beantworteter Fragen zum Bestehen
30 Minuten	18 Prüfungsfragen (Bewertung 0-2 Punkte/Frage möglich)	26 Punkte müssen zum Bestehen erreicht werden

Folgende Inhalte werden in der theoretischen Prüfung abgefragt:

- Rechtsvorschriften des Sprengstoffrechts
- Waffenrechtliche Grundkenntnisse zu den Themen Sachkunde, Waffenbesitzkarte, Kleiner Waffenschein
- Kennzeichnung von Waffen

Die Fragen werden aus einem Fragenkatalog von 104 Fragen ausgewählt. Teils müssen die Fragen schriftlich beantwortet werden, es kommen aber auch Multiple-Choice-Fragen vor.

In der **praktischen Prüfung** werden folgende Inhalte geprüft:

- Richtige Handhabung einer Fallschirm-Signalrakete
- Richtige Handhabung einer Rauchfackel bzw. Handfackel
- Richtige Handhabung des Rauchsignals
- Richtige Handhabung eines Signalgebers mit Magazin/Trommel
- Richtige Handhabung von nicht gezündeten Signalmitteln/Versagern
- Richtiges Verhalten bei Munitionsversagen

Der Sportbootführerschein als Basisschein – Warum welcher Schein zuerst?

Hat man es auf mehrere Sportbootführerscheine abgesehen, macht es durchaus Sinn, eine bestimmte Reihenfolge einzuhalten. So kann nicht nur die Zeit des Aufwandes verringert werden, sondern auch enorme Kosten können eingespart werden.

SBF-Binnen und SBF-See

Wenn Sie von vornherein wissen, dass Sie sowohl den SBF-Binnen als auch den SBF-See erwerben möchten, sollten Sie versuchen, die Prüfungen alle innerhalb eines Jahres abzulegen. Denn dann müssen Sie nur drei Prüfungen absolvieren: die Theorieprüfung für den SBF-Binnen, die Theorieprüfung für den SBF-See und die praktische Prüfung für den SBF-See. Ein weiterer Vorteil ist, dass Sie die Reihenfolge der Prüfungen bei dieser Variante frei wählen können. Die praktische Prüfung des SBF-Binnen sparen Sie sich nichtsdestotrotz. Zudem bieten viele Prüfungsausschüsse ein Kombipaket für diese Variante an. Melden Sie sich zu dieser an, anstatt alle Prüfungsteile einzeln zu absolvieren, können Sie zudem die Prüfgebühren reduzieren.

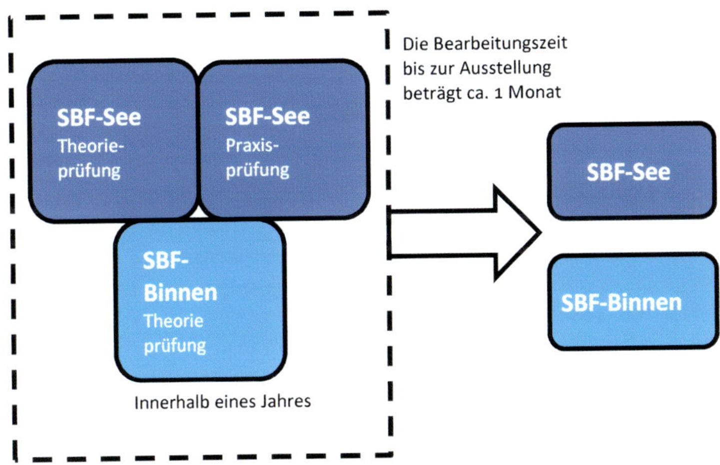

Sollten Sie die drei Prüfungen zeitlich nicht innerhalb eines Jahres schaffen, so können Sie sich doch einen Vorteil verschaffen, wenn Sie als Erstes den SBF-See absolvieren und anschließend den SBF-Binnen. In dieser Kombination sparen Sie sich ebenfalls die praktische Prüfung des SBF-Binnen und in der Theorieprüfung des SBF-Binnen sparen Sie sich die Beantwortung einiger Fragen. Sollten Sie sich dazu entscheiden, den SBF-Binnen als Erstes zu absolvieren, und Sie schaffen die Prüfungen nicht innerhalb eines Jahres, müssen Sie die praktische Prüfung zum SBF-Binnen ablegen. Dennoch absolvieren Sie dann für den SBF-See eine reduzierte theoretische und praktische Prüfung.

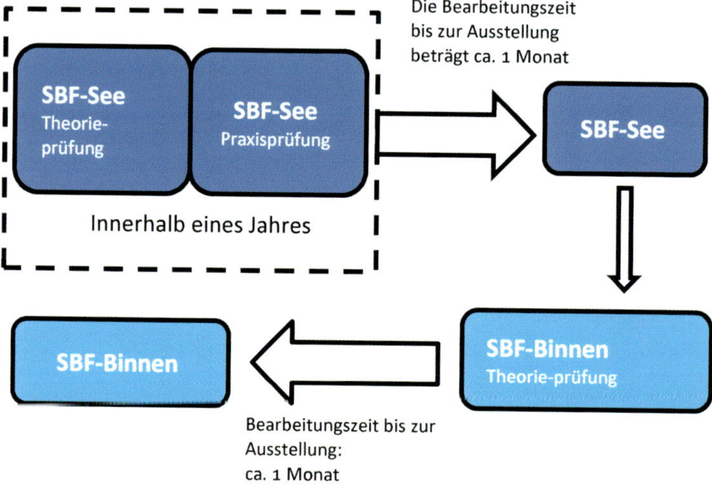

SBF-Binnen und Bodenseeschifferpatent

Möchten Sie den SBF-Binnen erwerben und gleichzeitig auch das Bodenseeschifferpatent, da Sie vielleicht gerne am Bodensee Urlaub machen? Hier gibt es eine ganz klare Reihenfolge, wie Sie vorgehen sollten. Sie erhalten den SBF-Binnen ohne weitere Prüfungen, wenn Sie bereits das Bodenseeschifferpatent besitzen. Wenn Sie also die theoretische und praktische Prüfung zum Bodenseeschifferpatent ablegen, erhalten Sie im Prinzip gleich zwei Bootsführerscheine, das Bodenseeschifferpatent und den SBF-Binnen. Dabei gilt, wenn Sie nur das Bodenseeschifferpatent unter Segel ablegen, können Sie zusätzlich auch nur den SBF-Binnen unter Segel beantragen und erwerben. Gleiches gilt für den Bereich Motor. Ist diese Reihenfolge für Sie nicht möglich, so sparen Sie sich immerhin die praktische Prüfung des Bodenseeschifferpatents, wenn Sie bereits den SBF-Binnen besitzen.

SBF-See und Bodenseeschifferpatent

Bei der Kombination dieser beiden Führerscheine gibt es keine richtige Reihenfolge. Beide möglichen Reihenfolgen bieten gewisse Vor- und Nachteile, sodass Sie individuell entscheiden müssen, welche der beiden Varianten für Sie mehr Sinn macht. Sind Sie bereits Besitzer des SBF-See, müssen Sie die praktische Prüfung des Bodenseeschifferpatents nicht noch zusätzlich ablegen. Der SBF-Binnen kann anschließend ohne weitere Prüfungen ebenfalls beantragt werden. Vorteil dieser Variante ist, dass die praktische Prüfung des SBF-See etwas einfacher ist als die des Bodenseeschifferpatents, welche Ihnen dann aufgrund des bereits vorhandenen SBF-See erlassen wird. Die Nachteile liegen darin, dass Sie zum einen mit der Beantragung des SBF-Binnen warten müssen, bis Sie die Prüfung des Bodenseeschifferpatents bestanden haben, zum anderen müssen Sie in der theoretischen Prüfung des SBF-See zusätzlich alle Basisfragen lernen und eine Auswahl beantworten. Wenn Sie die Reihenfolge tauschen, wird Ihnen eine reduzierte theoretische Prüfung des SBF-See vorgelegt. Entscheiden Sie sich dazu, das Bodenseeschifferpatent zuerst zu absolvieren und danach die Prüfungen des SBF-See abzulegen, ist es ganz wichtig, dass Sie bei der praktischen Prüfung zum Bodenseeschifferpatent anmerken, dass Sie den Zusatzteil „**Nautische Kenntnisse**“ ablegen möchten. Dieser Teil hat dann mit dem Bestehen des Bodenseeschifferpatents nichts zu tun, dennoch können Sie sich mit diesem Zusatz die praktische Prüfung des SBF-See komplett sparen.

Der SBF-Binnen kann dann direkt nach der bestandenen Prüfung zum Bodenseeschifferpatent mitbeantragt werden. Vorteil dieser Variante ist, dass Sie den SBF-Binnen direkt nach Ihrer Prüfung beantragen können. Außerdem sparen Sie sich in der theoretischen Prüfung des SBF-See das Üben der 72 Basisfragen, da diese bereits mit dem Bodenseeschifferpatent abgedeckt sind. Der Nachteil liegt darin, dass Sie die schwierigere praktische Prüfung des Bodenseeschifferpatents ablegen müssen.

Funkscheine (UBI, SRC, LRC)

Auch wenn Sie mehrere Funkscheine erwerben möchten, gibt es eine gute und eine weniger gute Reihenfolge. Für die meisten ist das SCR ausreichend, wissen Sie jedoch von vornherein, dass Sie mehr als 30-40 Seemeilen rausfahren wollen, so bietet es sich an, gleich das LRC zu absolvieren. Das LRC beinhaltet das SRC. Möchten Sie zusätzlich auch das UBI erwerben, so macht es Sinn, zunächst die Prüfungen für das SRC/LRC abzulegen. In der theoretischen und praktischen Prüfung des UBI werden Ihnen dann einige Teilbereiche erlassen und Sie legen eine verkürzte Form der Prüfungen ab. Es ist auch möglich, sich bei den Prüfungsausschüssen zur Kombinationsprüfung der beiden Scheine anzumelden. In diesem Fall sparen Sie nicht nur Zeit, sondern können auch die Gebühren für die Prüfung reduzieren.

Theoretisches Wissen

Die theoretischen Grundlagen zum Bestehen der Prüfung sind neben den praktischen Manövern und Knoten das Wichtigste. Die Fragebögen nur auswendig zu lernen, wird nicht genügen, da Sie nicht nur in der theoretischen Prüfung, sondern auch in der praktischen Prüfung das umfangreiche theoretische Wissen unter Beweis stellen und aufzeigen müssen, dass Sie dieses auch praktisch anwenden können. Daher ist es unerlässlich, sich mit den Basics der Theorie auseinanderzusetzen. In diesem Kapitel erfahren Sie alles, was für theoretische und praktische Prüfung relevant ist.

Regelungen zum Verkehrsrecht

Je nachdem, in welchem Geltungsbereich Sie sich bewegen, gibt es ganz unterschiedliche Regeln und Gesetzesvorlagen, über die Sie sich vor Fahrtantritt informieren müssen. Auf der Hohen See gelten dabei die **Kollisionsverhütungsregeln (KVR)**, welche das internationale Recht darstellen. 12 Seemeilen vor der deutschen Küste gilt dann deutsches Recht und die **Seeschifffahrtsstraßen-Verordnung (SeeSchStrO)** tritt in Kraft. Dennoch ist es so, dass die KVR weiterhin gilt, wenn die Seeschifffahrtsstraßen-Ordnung zu bestimmten Inhalten keine Hinweise gibt. Ab der 3-Seemeilen-Grenze gilt dann schließlich nur noch die Seeschifffahrtsstraßen-Verordnung, bis Sie die Seeschifffahrtsstraßen schließlich verlassen und auf den deutschen Binnenschifffahrtsstraßen unterwegs sind. Hier gelten die Regeln und Gesetze der **Binnenschifffahrtsstraßen-Ordnung (BinSchStrO)**.

Generell gilt: Das speziellere Recht geht immer vor dem allgemeineren Recht!

Die Binnenschifffahrtsstraßen-Ordnung (BinSchStrO)

Die Regeln und Gesetze für das korrekte Verhalten auf Binnenschifffahrtsstraßen sind festgeschrieben in der Binnenschifffahrtsstraßen-Ordnung (BinSchStrO). Diese regelt den Schiffsverkehr auf den Wasserstraßen. Hier sind nicht nur Gesetze und Verbote niedergeschrieben, sondern auch Vorschriften zum Schutz der Gewässer, zur Beseitigung von Abfall, Kennzeichnung von Fahrzeugen, der Geltungsbereich sowie Zeichen für alle Verkehrsteilnehmer und vieles mehr festgehalten. Besonders werden die sechs Schutzgüter erwähnt, die weder gefährdet oder beeinträchtigt noch beschädigt werden dürfen. Dabei handelt es sich um:

- den Menschen
- die Umwelt
- die Schifffahrt
- das Ufer
- das Schiff oder andere Fahrzeuge
- Anlagen zum Anlegen

Nach der BinSchStrO hat demnach „[...] jeder Verkehrsteilnehmer auf Binnenschifffahrtsstraßen alle Vorsichtsmaßnahmen zu treffen, welche die allgemeine Sorgfaltspflicht und die Übung der Schifffahrt gebieten [...]“ (BinSchStrO §1.04).

Ein wichtiger Punkt, der unbedingt beachtet werden sollte und genauso in der BinSchStrO festgeschrieben ist, besagt, dass bei unmittelbar drohender Gefahr auch von der Verordnung abgewichen werden kann, wenn die Umstände es gebieten, um eine mögliche Gefahr abzuwenden (BinSchStrO §1.05)

Die BinSchStrO besteht aus drei Teilen:

- **Teil 1:** Allgemeine Informationen zu Begriffen, Kennzeichnungspflicht, Ausweichregeln, Schall- und Schifffahrtszeichen, Sprechfunk etc.
- **Teil 2:** Auflistung der Geltungsbereiche der BinSchStrO (alle Gewässer sind einzeln aufgeführt, mit Kilometerangaben zu Grenzbereichen), außerdem auch Informationen zu Höchstgeschwindigkeiten
- **Teil 3:** Vorschriften zum Schutz der Gewässer und der Beseitigung von Abfall sowie allgemeine Sorgfaltspflicht

Nicht alle deutschen Flüsse sind im zweiten Teil der BinSchStrO aufgelistet. Grund dafür ist, dass die Flüsse nicht nur in Deutschland verlaufen und demnach auch das Recht anderer Länder dort gelten muss. Daher gelten hier neben der BinSchStrO die jeweiligen Polizeiverordnungen, Rhein-, Donau- und Moselschifffahrtspolizeiverordnung genannt. Weitere Ausnahmen sind die privaten Gewässer oder Landeswasserstraßen. Auch hier können andere lokale Regeln (Befahrensordnungen) gelten als in der BinSchStrO niedergeschrieben und es sind ggf. sogar Genehmigungen des Eigentümers nötig, um auf solchen Gewässern ein Boot zu führen.

Eine aktuelle und kostenlose Version der BinSchStrO wird auf der Seite der Wasserstraßen- und Schifffahrtsverwaltung (WSV) zur Verfügung gestellt. Die BinSchStrO gilt für Fahrzeuge auf den Wasserstraßen aller Art, egal, ob diese motorisiert sind oder nicht.

Um aktuelle Informationen über bestimmte Gewässer zu erhalten, wie beispielsweise Hochwasser oder Fahrverbote, kann man neben Anfragen bei der Wasserstraßen- und Schifffahrtsverwaltung (WSV) auch unter www.elwis.de (elektronisches Wasserstraßen-Informationssystem) diese Informationen abrufen.

Mögliche Prüfungsfragen:

1. Was ist die allgemeine Sorgfaltspflicht? (B76)
2. Unter welchen besonderen Umständen darf von den geltenden Bestimmungen der Binnenschifffahrtsstraßen-Ordnung abgewichen werden? (B77)
3. Wo findet man Hinweise zu den einzelnen Binnenschifffahrtsstraßen und deren Grenzen? (B230)
4. Warum muss sich der Schiffsführer vor dem Befahren unbekannter Gewässer mit den dort geltenden Vorschriften vertraut machen? (B227)
5. Wo kann man die geltenden Höchstgeschwindigkeiten auf Gewässern erhalten? (B173)
6. Wo erhält man aktuelle Informationen zu Binnenschifffahrtsstraßen oder beispielsweise Verkehrsbeschränkungen? (B81)
7. Wo findet man Verkehrsregeln für Binnenschifffahrtsstraßen und den Rhein? (B84)
8. Was ist beim Befahren von Landesgewässern oder privaten Gewässern zu beachten? (B231)

Die Seeschifffahrtsstraßen-Ordnung (SeeSchStrO)

Die Grundregeln für das Verhalten im Verkehr für die Seeschifffahrtsstraßen sind in der Seeschifffahrtsstraßen-Ordnung (SeeSchStrO) festgeschrieben. Diese regelt den Verkehr auf den Seeschifffahrtsstraßen. Innerhalb der 12-Meilen-Zone vor der Küste dürfen neben der KVR auch nationale Regelungen erlassen werden. Die SeeSchStrO stellt daher eine Ergänzung zur KVR dar und präzisiert diese in einigen Punkten. Stehen die beiden Verordnungen im Gegensatz zueinander, so wird immer die SeeSchStrO befolgt.

Die SeeSchStrO bestimmt zudem, welche Gewässer als deutsche Seeschifffahrtsstraßen gelten. Dazu zählen bestimmte Gewässer in der 12-Meilen-Zone sowie alle Gewässer in der 3-Meilen-Zone.

Die SeeSchStrO ist wie folgt aufgebaut:

- **Erster Abschnitt:** Allgemeine Bestimmungen wie Geltungsbereich der SeeSchStrO, Grundregeln im Verkehr und Schifffahrtszeichen.
- **Zweiter Abschnitt:** Sichtzeichen und Schallsignale
- **Dritter Abschnitt:** genauere Regelungen zu Schallsignalen der Fahrzeuge. Dieser Abschnitt ist in der aktuellen Version weggefallen. Die Informationen befinden sich nun in Anhang II.
- **Vierter Abschnitt:** Fahrregeln
- **Fünfter Abschnitt:** Ruhender Verkehr
- **Sechster Abschnitt:** Sonstige Vorschriften
- **Siebenter Abschnitt:** Vorschriften für den Nord-Ostsee-Kanal
- **Achter Abschnitt:** Zuständigkeiten der Behörden der Wasserstraßen- und Schifffahrtsverwaltung des Bundes
- **Neunter Abschnitt:** Bußgeldvorschriften

Seemännische Sorgfaltspflicht: Die seemännische Sorgfaltspflicht beinhaltet, dass sich der Schiffsführer über die geschriebenen Verkehrsvorschriften hinaus verpflichtet, Vorsichtsmaßregeln zu beachten, die nach Seemannsbrauch gelten oder besondere Umstände und Situationen erfordern.

Mögliche Prüfungsfragen:

9. Was ist die seemännische Sorgfaltspflicht? (S77)
10. In welchem Geltungsbereich gelten die Kollisionsverhütungsregeln? (S73)
11. Welche Gesetze gelten, wenn die Seeschifffahrtsstraßen-Ordnung mit den Kollisionsverhütungsregeln im Widerspruch steht? (S74)

Gesetzliche Grundlagen

Kennzeichnungspflicht

Während es auf den Seeschifffahrtsstraßen keine Kennzeichnungspflicht gibt, müssen Segelboote ab einer Länge von 5,5 m und Motorboote ab einer Leistung von 2,21 kW (~ 3 PS) auf Binnenschifffahrtsstraßen mit der Nummer des internationalen Bootscheins gefolgt von einem Kennbuchstaben außen am Boot gekennzeichnet sein. Es gibt sowohl amtliche Kennzeichen als auch amtlich anerkannte Kennzeichen. Jedes Wasserstraßen- und Schifffahrtsamt kann die amtlichen Kennzeichen ausgeben. Amtlich anerkannte Kennzeichen erhalten Sie hingegen beim Deutschen Motoryachtverband, dem Deutschen Seglerverband oder dem ADAC. Ab einer Wasserverdrängung des Bootes von

10 cbm (m^3) oder auch 10 Tonnen muss dieses in das Binnenschiffsregister eingetragen werden.

Mögliche Prüfungsfragen:

1. Welche Kennzeichnung für Sportboote gibt es? (B232)
2. Wo können Sie ein amtliches Kennzeichen für Ihr Sportboot erhalten? (B233)
3. Wo können Sie ein amtlich anerkanntes Kennzeichen für Ihr Sportboot erhalten? (B233)
4. Wie sieht ein amtlich anerkanntes Kennzeichen aus? (B234)
5. Wann muss ein Fahrzeug in das Binnenschiffsregister eingetragen werden? (B236)

Fahrwasser und Fahrrinne

Diese beiden Begriffe tauchen nur im Bereich der Binnenschifffahrt auf, da es mit dem Befahren von Flüssen zu tun hat. Dabei ist das **Fahrwasser** der Bereich, der von der durchgehenden Schifffahrt benutzbar ist, also alle Bereiche, in denen die Schifffahrt stattfinden kann. Die **Fahrrinne** hingegen ist ein physikalischer Begriff und bezeichnet die durch die Strömung eines Flusses entstandene tiefste Rinne. In der Fahrrinne werden für den durchgehenden Schiffsverkehr bestimmte Breiten und Tiefen vorgehalten bzw. angestrebt. Sollten Sie eine Grundberührung im Bereich der Fahrrinne haben, ist sofort die Wasserstraßen- und Schifffahrtsverwaltung oder die Wasserschutzpolizei zu informieren. Dabei sollten Sie genaue Angaben zur Hindernisstelle bereithalten.

Da in der Binnenschifffahrt hauptsächlich auf Flüssen gefahren wird, gibt es hier Begriffe wie rechtes und linkes Ufer. Dabei definieren sich die Seiten anhand der Strömung bzw. der Fließrichtung des Flusses. Daher ist nur in Richtung der Strömung, also von der Quelle zur Mündung des Flusses, das rechte Ufer auch auf der rechten Seite. Man bezeichnet die Fahrt auf einem Fluss mit der Strömung als **Talfahrt** und die Fahrt gegen die Strömung als **Bergfahrt**. Diese Begriffe spielen bei den Ausweichregeln eine sehr wichtige Rolle, da Boote, die mit der Strömung fahren, ganz anders manövrieren können als Boote, die gegen die Strömung fahren.

Das Fahrwasser wird auf der rechten Uferseite mit roten Dreiecken, deren Spitze nach unten zeigt, gekennzeichnet. Auch am linken Ufer kennzeichnet ein Dreieck in der Farbe Grün und mit der Spitze nach oben das Fahrwasser.

Auch für Hindernisse unter Wasser gibt es spezielle Kennzeichnungen. Die rot- oder grün-weiß gestreiften Schwimmstangen kennzeichnen beispielsweise Buhnen oder Kribben. Bei diesen handelt es sich um rechtwinklig zum Ufer verlaufende Dämme, die dem Küstenschutz oder Flussbau dienen.

Rechtsseitige Hindernisse werden dabei wieder rot und linksseitige Hindernisse grün gekennzeichnet.

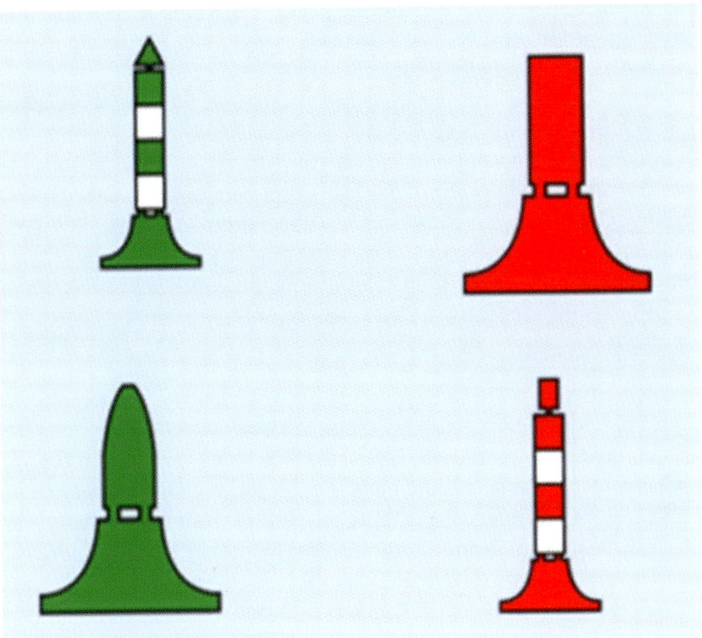

Da die Fahrrinne deutlich schmaler ist als das Fahrwasser, muss auch diese speziell gekennzeichnet werden. Durch physikalische Prozesse ist die Fließgeschwindigkeit des Wassers in den Außenkurven deutlich höher. Dadurch lagert sich in den Innenkurven Sediment ab und macht diese flacher. Daher folgt die Fahrrinne in der Regel den Außenkurven eines Flusses. Am rechten Ufer wird die Fahrrinne durch stumpfe rote Tonnen gekennzeichnet, während die linke Seite der Fahrrinne durch spitze grüne Tonnen gekennzeichnet wird.

Zudem gibt es rot-grün gestreifte Tonnen oder Schwimmstangen. Diese machen auf ein Hindernis in der Fahrrinne aufmerksam und leiten eine Fahrrinnenspaltung ein. Das Hindernis kann dann also auf beiden Seiten umfahren werden.

Mögliche Prüfungsfragen:

6. Was bedeutet der Begriff Fahrwasser? (B88)
7. Was versteht man unter Fahrrinne? (B89)
8. Was sollte getan werden, wenn Ihr Fahrzeug innerhalb des Fahrwassers eine Grundberührung hat? (B87)
9. In welche Richtung werden die Uferseiten eines Flusses als rechts und links bezeichnet? (B94)
10. Was bedeutet die Bergfahrt auf Flüssen? (B95)
11. Welche Symbole begrenzen die Fahrrinne zum rechten Ufer? (B97)
12. Welche Seite der Fahrrinne hat ein Bergfahrer an seiner Steuerbordseite? (B99)
13. Ein Talfahrer sieht voraus eine rote Tonne. An welcher Schiffsseite muss die Tonne passiert werden? (B239)

Sonderfall Kanal

Als Kanal bezeichnet man eine künstliche Verbindung zwischen zwei Gewässern mit künstlich hergestelltem Gewässerbett. Bei einem durch Menschenhand geschaffenen Kanal ist oft nicht eindeutig, welche Richtung nun die Berg- und welche Richtung die Talfahrt beschreibt. Daher ist in Teil 2 der Binnenschifffahrtsstraßen-Ordnung genau das festgelegt und niedergeschrieben. In Kanälen herrscht zudem ein allgemeines Anker- und Liegeverbot.

Höhenunterschiede zwischen Kanälen und den verbindenden Gewässern werden durch Schleusen und Hebewerke ausgeglichen.

Mögliche Prüfungsfragen:

14. Was bedeutet Bergfahrt auf Kanälen? (B96)
15. Was ist in Kanälen untersagt? (B103)
16. Wo besteht generell ein Liegeverbot, ohne dass eine gesonderte Bezeichnung nötig ist? (B109)

Ausweichregeln

In unterschiedlichen Gewässern gelten unterschiedliche Ausweichregeln. Daher ist es besonders wichtig, dass man weiß, in welchen Geltungsbereichen man sich befindet. Denn auf Binnenschifffahrtsstraßen gelten andere Ausweichregeln wie auf Seeschifffahrtsstraßen und innerhalb des Fahrwassers gelten andere Regeln als außerhalb des Fahrwassers. Im Folgenden werden die Ausweichregeln für alle Geltungsbereiche genau beschrieben.

Ausweichregeln auf Binnenschifffahrtsstraßen

Ablauf einer Ausweichsituation

In Ausweichsituationen gibt es immer zwei unterschiedliche Rollen. Je nachdem, in welchem Gewässer man sich befindet und welche Regeln gelten, wird ein Beteiligter zum sogenannten Kurshalter und der andere zum Ausweichpflichtigen. Ausweichsituationen und -regeln gelten entsprechend nur für Schiffe in Fahrt. Schiffe, die vor Anker liegen, an Land festgemacht sind oder auf Grund liegen, sind nicht in Fahrt und daher von den Ausweichregeln nicht betroffen.

Eine Ausweichsituation fängt mit folgenden Bedingungen an:

- Zwei Fahrzeuge haben einander in Sicht und nähern sich.
- Zwei Fahrzeuge nähern sich bei gleichbleibender Peilung (über zwei Punkte auf einen dritten schauen), d. h., auch nach einigen Sekunden ergibt die stehende Peilung, dass es bei gleichbleibendem Kurs der Fahrzeuge zur Kollision kommt.

Sind beide Bedingungen gegeben, muss man sich über die geltende Ausweichregel Gedanken machen. Die geltenden Regeln bestimmen Kurshalter und Ausweichpflichtigen. Der Kurshalter ist dazu verpflichtet, seinen Kurs und seine Geschwindigkeit zu halten, bis die Ausweichsituation beendet ist. Der Ausweichpflichtige ist verpflichtet, erkennbar und entschlossen auszuweichen. Macht der Ausweichpflichtige keine Anstalten, seinen Kurs zu ändern, hat der Kurshalter die Möglichkeit, das „Manöver des letzten Augenblickes" durchzuführen, auch wenn er eigentlich gesetzlich verpflichtet ist, Kurs und Geschwindigkeit zu halten. Dieses Manöver gibt dem Kurshalter die Möglichkeit, eine Kollision zu vermeiden.

Mögliche Prüfungsfragen:

1. Wann ist ein Schiff in Fahrt? (B3)
2. Wann ist ein Zusammenstoß wahrscheinlich? (B175)
3. Wie müssen Ausweichmanöver durchgeführt werden? (B176)
4. Wie hat man sich nach einer Kollision mit einem anderen Fahrzeug zu verhalten? (B70)

Regeln bei Ausweichsituationen

Auf Binnenschifffahrtsstraßen gilt primär die Regel:
„Alle Kleinfahrzeuge weichen Fahrzeugen aus!"

Mit dieser Regel wird vor allem die Berufsschifffahrt vor Ausweichmanövern geschützt. Als Kleinfahrzeuge definiert werden alle Boote, Schiffe etc. mit einer Länge unter 20 m. Fahrzeuge mit 20 m und mehr zählen zu den Fahrzeugen und müssen nach der Regel nicht ausweichen. Es gibt zwei Fahrzeuge, die in der Regel die 20 m nicht aufbringen, aber dennoch zu den Fahrzeugen gezählt werden und daher nicht ausweichen müssen. Dazu zählen kleinere Fähren und Schlepper. Diese zählen ebenfalls zur Berufsschifffahrt und haben daher auch Kursrecht gegenüber Kleinfahrzeugen.

Innerhalb der Gruppe der Kleinfahrzeuge gilt die folgende Regel:
„Segelboot vor Ruderboot vor Motorboot!"

Der Segler ist auf Wind angewiesen und hat es daher am schwersten. Dieser ist somit in den meisten Situationen der Kurshalter und Ruder- bzw. Motorboote sind ausweichpflichtig. Zu der Gruppe der Segler zählen beispielsweise auch Windsurfer. Das Ruderboot ist auf Muskelkraft angewiesen und hat es demnach leichter als der Segler, aber schwerer als das Motorboot, in einer Ausweichsituation auszuweichen.

Es gibt allerdings den Sonderfall, dass Segelboote ebenfalls eine Antriebsmaschine haben, die im Falle von wenig Wind genutzt werden kann. In diesem Fall gilt das Segelboot nicht mehr als Segel-, sondern als Motorboot. Für andere Fahrzeuge könnte das vermeintliche Segelboot aber dennoch den Anschein erwecken, es sei weiterhin ein Segelboot. Um zu zeigen, dass ein Segelboot mit Antriebsmaschine fährt, also als ein Motorboot nach Ausweichregel gilt, wird ein schwarzer Kegel mit der Spitze nach unten gehisst. Das bedeutet dann, dass dieses jetzt als ein Motorboot den anderen Seglern und Ruderern ausweichen muss.

Ausnahme von dieser Regel stellt § 6.02a (BinSchStrO) dar. Dieser besagt, dass, wenn ein Motorboot nahe dem Ufer entlangfährt, sich also bereits sehr bescheiden verhält und allen anderen Fahrzeugen Platz lässt, dieses dann nicht behindert werden soll. Das gilt in diesem Fall auch für Segelfahrzeuge.

Innerhalb der Gruppe der Segelboote gelten folgende Regeln:

Die Ausweichregeln für Segelboote orientieren sich an den sogenannten Windseiten. Kommt der Wind bei Segelbooten von links, so hängen die Segel auf der rechten Seite. Umgekehrt ist es, wenn der Wind von rechts kommt, dann hängen die Segel des Segelbootes auf der linken Seite. Die beiden folgenden Fälle müssen also geregelt werden:

- Zwei Segelboote fahren mit dem Wind von unterschiedlichen Seiten
- Zwei Segelboote fahren mit dem Wind, der von der gleichen Seite kommt

Bei unterschiedlichen Windseiten gilt die folgende Regel:
„Das Segelboot mit dem Wind von links (Backbord) weicht dem Segelboot mit dem Wind von rechts (Steuerbord)!“

In diesem Fall ist also das Segelboot mit der rechten Windseite der Kurshalter, während das Segelboot mit der linken Windseite ausweichpflichtig ist.

Bei gleichen Windseiten gilt folgende Regel:
„Der Segler im Luv muss dem Segler im Lee ausweichen!“

Luv ist der Bereich, aus dem der Wind kommt (die windzugewandte Seite), und **Lee** ist der Bereich, in den der Wind geht (die windabgewandte Seite).

Es ist daher viel schwieriger, zu Zielen im Luv zu gelangen, da man hier entgegen dem Wind segeln muss. Daher macht es Sinn, dass Segelboote im Lee den Vortritt bekommen und nicht ausweichen müssen. Das Segelboot im Luv wird daher zum Ausweichpflichtigen und das Segelboot im Lee wird der Kurshalter.

Auch zwischen drei Segelbooten kann eine Ausweichsituation entstehen. Hier wird genauso vorgegangen. Zunächst werden die Windseiten der Beteiligten gecheckt. Hat man Segelboote in der Situation mit gleichen Windseiten, wird geschaut, wer sich auf der Luvseite und wer sich auf der Leeseite befindet.

In manchen Situationen gibt es das Problem, dass man das Segel des anderen Segelbootes vielleicht gar nicht sehen kann, weil es z. B. Nacht ist. Dann kommt es zu einer Zweifelsfalllösung.

„Ist das Segel des anderen Bootes nicht zu erkennen, wird im Zweifel immer ausgewichen!“

Innerhalb der Gruppe der Motorboote gelten folgende Regeln:
Bei Motorbooten kann nicht aufgrund von Wind oder anderen Umwelteinflüssen entschieden werden, wer der Ausweichpflichtige ist. Zudem muss die Entscheidung schneller getroffen werden, als das beim Segeln der Fall ist, da sich Motorboote in der Regel auch schneller durch das Wasser bewegen. Daher unterteilt man alle möglichen Kollisionskurse in drei Gruppen:

- Der konvergierende Kurs: Zwei Motorboote fahren frontal aufeinander zu
Beide Motorboote müssen nach rechts ausweichen!

- Der kreuzende Kurs: Zwei Motorboote fahren in einem Winkel kleiner 180° aufeinander zu
Rechts vor links!

- Von hinten kommend: Ein zweites Motorboot kommt über den Heckbereich des ersten Motorbootes (das ist keine Ausweichsituation, sondern ein Überholmanöver)
Überholer weichen immer!

Mögliche Prüfungsfragen:

5. Ab wann gilt ein Schiff auf Binnenschifffahrtsstraßen nicht mehr als Kleinfahrzeug? (B137)
6. Wer muss ausweichen, wenn sich ein Kleinfahrzeug einem Fahrzeug über 20 m auf sich kreuzenden Kursen nähert? (B177)
7. Wie muss sich ein Segelboot in einer Ausweichsituation verhalten, wenn es sich auf kreuzenden Kursen mit einem Motorboot der Kategorie Kleinfahrzeug befindet? (B140)
8. Wann gilt ein Segelboot als Maschinenfahrzeug? (B6)
9. Wie muss sich ein kreuzendes Segelboot in der Nähe eines Ufers einem anderen Kleinfahrzeug gegenüber verhalten? (B179)
10. Wie lautet eine der Ausweichregeln bei Kleinfahrzeugen unter Segel? (B144)
11. Welche Seite wird als Luvseite bezeichnet? (B8)
12. Wie weichen zwei Motorboote einander aus, die sich frontal aufeinander zu bewegen? (B14)
13. Wer muss ausweichen, wenn sich zwei Motorboote auf sich kreuzenden Kursen nähern? (B15)
14. Von Backbord kommend kreuzt ein Segelboot mit schwarzem Kegel den Kurs eines Motorbootes. Wer muss ausweichen? (B182)

KVR-Pyramide

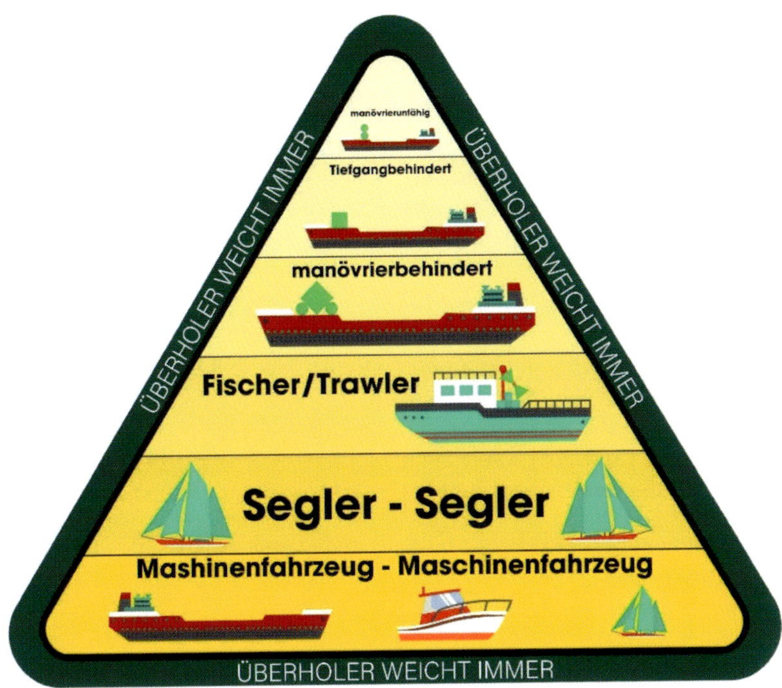

Die sogenannte KVR-Pyramide besagt, welche Fahrzeuge auf der hohen See ausweichen müssen. Je weiter oben ein Fahrzeug in der Pyramide steht, desto seltener muss es einem anderen ausweichen. Sprich: Fahrzeuge im unteren Bereich der Pyramide weichen den Fahrzeugen im oberen Bereich der Pyramide. Um zu zeigen, zu welchen Fahrzeugen man gehört, werden bei Tag schwarze Signalkörper gesetzt.

Ganz oben in der Pyramide steht der Manövrierunfähige, gekennzeichnet durch zwei schwarze Bälle. An zweiter Stelle steht der Tiefgangbehinderte, d. h. ein Schiff, welches so tief im Wasser liegt und welches so groß ist, dass es auf spezielle Fahrwasserwege angewiesen ist. Dieser kann ebenfalls nicht einfach einem anderen Fahrzeug ausweichen. Gekennzeichnet ist ein solches Fahrzeug durch einen schwarzen Zylinder als Signalkörper. Ein Fahrzeug, welches einen schwarzen Ball, eine Raute und wieder einen Ball als Signalkörper führt, stellt ein manövrierbehindertes Schiff dar. Diese Schiffe sind in der Regel manövrierfähig, können aber nicht ausweichen, weil sie beispielsweise Vermessungen oder andere Arbeiten auf dem Wasser durchführen. Ein Fischerboot und ein Trawler (ein Schiff für die Hochseefischerei) sind durch zwei schwarze Dreiecke mit der Spitze zueinander gekennzeichnet. Diese

Signalkörper besagen, dass auch diese Fahrzeuge nicht ausweichen können, weil sie beispielsweise gerade Netze einholen. Auf der vorletzten Stufe der Pyramide befinden sich die Segelboote. Diese werden genau wie die Maschinenfahrzeuge auf der letzten Stufe der Pyramide nicht gekennzeichnet. Ein Maschinenfahrzeug muss einem Segelboot immer ausweichen.

Wichtig: Ist man gerade bei einem Überholvorgang, so muss man immer ausweichen, egal, um welches Fahrzeug es sich handelt.

Mögliche Prüfungsfragen:

15. Welches Fahrzeug ist durch zwei schwarze Bälle gekennzeichnet? (S99)
16. Wann ist ein Schiff manövrierunfähig? (S82)
17. Wie hat sich ein Schiff im freien Seeraum oder außerhalb des Fahrwassers gegenüber einem Schiff, das mit zwei schwarzen Bällen gekennzeichnet ist, zu verhalten? (S129)
18. Welches Fahrzeug ist mit einem schwarzen Zylinder gekennzeichnet und wie muss man sich gegenüber diesem Fahrzeug verhalten? (S109 und S133)
19. Wann ist ein Schiff manövrierbehindert? (S83)
20. Welches Fahrzeug ist mit einem schwarzen Ball, einer Raute und einem weiteren Ball gekennzeichnet und wie muss man sich gegenüber diesem Fahrzeug verhalten? (S104 und S130)
21. Wie hat man sich gegenüber einem fischenden Fahrzeug als Maschinen- oder Segelfahrzeug im freien Seeraum oder außerhalb des Fahrwassers zu verhalten? (S131 und 132)
22. Wie hat sich ein Maschinenfahrzeug gegenüber eines segelnden Fahrzeuges im freien Seeraum oder außerhalb des Fahrwassers zu verhalten? (S128)

Fahrwasserrecht

Im Fahrwasser gelten wieder andere Regeln als auf Hoher See oder in Seeschifffahrtsstraßen. Die wichtigsten Regeln des Fahrwassers sind im Folgenden aufgeführt.

Ausweichregeln im Fahrwasser

Außerhalb des Fahrwassers gilt weiterhin das KVR-Recht. Innerhalb des Fahrwassers gilt das Fahrwasserrecht. Dort gelten zwei Grundprinzipien:

- Groß vor Klein

- Alle Fahrzeuge unter 20 m und alle Segelfahrzeuge dürfen die Fahrzeuge ab 20 m Länge nicht behindern!

- Längsfahrerprivileg

- Wer das Fahrwasser in Längsrichtung befährt, ist Kurshalter gegenüber den Querfahrern!

Wichtige Gebote im Fahrwasser

- Im Fahrwasser darf kein Wasserski gelaufen, mit einem Wassermotorrad oder einem Segelsurfbrett gefahren werden.
- Im Fahrwasser ist ankern untersagt.
- Im Fahrwasser gilt das Gebot des Links-Überholens.
- Es gilt außerdem ein Rechtsfahrgebot innerhalb des Fahrwassers.

Mögliche Prüfungsfragen:

23. Welche Ausweichregeln gelten außerhalb des Fahrwassers? (S167)
24. Zwei Segelfahrzeuge sind im Fahrwasser auf sich kreuzenden Kursen unterwegs. Keiner folgt der Richtung des Fahrwassers. Wie müssen sich die beiden verhalten? (S166)
25. Was müssen Fahrzeuge beachten, die in das Fahrwasser einlaufen, dieses queren oder im Fahrwasser drehen? (S165)

Verkehrstrennungsgebiete

Verkehrstrennungsgebiete (VTG) kann man als Einbahnstraßen für die Berufsschifffahrt bezeichnen. In diesen herrschen keine neuen Ausweichregeln, allerdings gibt es Fahrgebote, um in diesen Gebieten bestimmte Verhaltensweisen zu erzwingen. In Seekarten sind diese mit zwei roten Pfeilen gekennzeichnet, in deren Mitte sich eine rote Fläche befindet. Dies besagt, dass man sich in der Höhe der roten Pfeile halten soll, je nachdem, in welche Richtung man fährt. In der roten Fläche soll sich kein Fahrzeug aufhalten. Das dient dazu, die beiden Verkehrsströme auseinanderzuhalten.

Durch einen flachen Anfahrwinkel wird den anderen Fahrzeugen signalisiert, dass ein Fahrzeug in der Einbahnstraße des VTG mitfahren möchte. Manchmal bleibt es jedoch nicht aus, dass man ein solches VTG durchqueren muss. Um dieses so schnell wie möglich zu queren, soll dies daher im rechten Winkel geschehen. Der rechtweisende Kurs, d. h., die Schiffslängsachse zeigt folglich im rechten Winkel durch das VTG.

Auch im VTG gibt es ein Behinderungsverbot. Alle Fahrzeuge über 20 m Länge sollen nicht behindert werden. Kommt es durch eine Unachtsamkeit doch zu einer Kollisionssituation, so gelten die allgemeinen KVR-Regeln.

Mögliche Prüfungsfragen:

26. Was sind sogenannte Verkehrstrennungsgebiete? (S87)
27. Wie sollen Verkehrstrennungsgebiete befahren werden? (S88)
28. In welcher Vorschrift findet man Regeln zu Verkehrstrennungsgebieten? (S144)
29. Was ist bei der Durchfahrt quer durch ein VTG zu beachten? (S143)
30. Wie haben sich Fahrzeuge unter 20 m Länge und Segelfahrzeuge in VTGs zu verhalten? (S147)

Lichter und Sichtzeichen

Prinzip der Lichterführung

Um Ausweichregeln und auch das Erkennen der Fahrzeuge bei Nacht oder schlechter Sicht anwenden zu können, braucht man zur Erkennung Lichtsignale. Lichter sind von Sonnenuntergang bis -aufgang und bei einer verminderten Sicht von unter 1.000 m zu führen. Dabei muss aus der Lichterführung die Lage eines anderen Fahrzeugs zum eigenen Fahrzeug erkannt werden. Außerdem muss erkennbar sein, um welche Art Fahrzeug es sich handelt. Es gibt zum einen Sektorenlichter und zum anderen die Rundumlichter.

Anhand der Sektorenlichter kann die Lage eines Fahrzeuges bestimmt werden. Diese werden künstlich verschattet und bestrahlen deshalb nur einen bestimmten Sektor, d. h., man kann diese Lichter nicht von jeder Position aus sehen. Dabei sind Steuerbordlichter immer grün und Backbordlichter immer rot. Sieht man beispielsweise das rote und grüne Licht eines Fahrzeuges, kommt das Fahrzeug direkt auf einen zu, da man nur von vorne beide Lichter sehen kann. Das Hecklicht strahlt weißes Licht aus und ist demnach nur von hinten zu sehen. Das Topplicht überstrahlt den Winkel der beiden Seitenlichter und leuchtet ebenfalls in Weiß.

Rundumlichter geben Hinweise zur Gefährlichkeit eines Fahrzeugs oder den Zustand eines Fahrzeuges. Durch die Kombination aus Rundumlichtern und Sektorenlichtern können dann Rückschlüsse auf Fahrzeugtyp und dessen Lage gezogen werden.

Mögliche Prüfungsfragen:

1. Wann müssen Lichter von Fahrzeugen geführt werden? (B10)
2. Wozu dient die Lichterführung? (B11)
3. Welchen Winkel und welche Farbe haben die beiden Seitenlichter? (B138)
4. Welche Lichter strahlen in Weiß und in welchem Winkel? (B138)

Kleinfahrzeuge

Um Ausweichfragen auch bei Nacht zu klären, muss es auch eine eindeutige Beleuchtung der Kleinfahrzeuge geben, die Rückschlüsse auf den Fahrzeugtyp zulassen.

Segelboote:

Ein korrekt beleuchtetes Segelboot hat zwei Seitenlichter in Rot und Grün und ein Hecklicht in Weiß. Zur Erleichterung kann eine Zweifarbenlaterne installiert werden. Diese kombiniert das rote und das grüne Seitenlicht in einer Lampe. Das Hecklicht bleibt allerdings separat. Eine weitere Möglichkeit ist die Kombination aller Lichter. Diese Dreifarbenlaterne kombiniert alle drei Lichter in einer Lampe und wird auf der Mastspitze installiert. Kleinere Segelboote, die die vorgeschriebene Beleuchtung nicht fahren können, dürfen ebenfalls ihr Boot mit einem weißen Rundumtopplicht beleuchten. Zudem soll bei Näherung Gebrauch von einer Handtaschenlampe gemacht werden und das eigene Segel soll angeleuchtet werden, um den entgegenkommenden Fahrzeugen zu zeigen, dass es sich bei dem Boot um ein Segelboot handelt. Fahrzeuge ohne Maschinenantrieb, z. B.:

Ruderboote:

Ruderboote müssen mit einem weißen Rundumlicht beleuchtet sein. Zu dieser Gruppe zählen ebenfalls der Segler, der die Standardbeleuchtung nicht fahren kann, und Boote, die abgeschleppt werden.

Kleinfahrzeuge mit Maschinenantrieb:

Das Maschinenfahrzeug bekommt ein zusätzliches Licht, damit es eindeutig bei Nacht zu erkennen ist. Es hat also zusätzlich ein weißes Topplicht zu führen, welches den Winkel der beiden Seitenwinkel überstrahlt. Auch bei Maschinenfahrzeugen ist die Zweifarbenlaterne erlaubt. Das Topplicht muss weiterhin separat geführt werden. Es gibt außerdem die Möglichkeit, das Topplicht und das Hecklicht zu kombinieren. Ein weißes Rundumlicht ersetzt in diesem Fall das weiße Heck- und Topplicht.

Mögliche Prüfungsfragen:

5. Welche Laterne kann ein Segelboot unter 20 m Länge anstelle der Seitenlichter und des Hecklichtes führen? (B12)
6. Welches Licht müssen Kleinfahrzeuge ohne Maschinenantrieb mindestens führen? (B139)
7. Ein Segelboot mit Maschinenantrieb fährt nachts stromaufwärts und begegnet einem Fahrzeug mit einem weißen Licht. Wie muss reagiert werden? (B194)
8. Ein geschlepptes Kleinfahrzeug muss welches Licht führen? (B136)
9. Ein Segelboot fährt nachts unter Segel mit einem weißen Rundumlicht beleuchtet. Welches zusätzliche Licht muss gesetzt werden, wenn der Motor gestartet wird? (B134)

Fahrzeuge

Ein Fahrzeug muss in der Regel genauso beleuchtet sein wie ein Kleinfahrzeug. Um nun klarzumachen, dass es sich um ein Fahrzeug und nicht um ein Kleinfahrzeug handelt, wurde eine bestimmte Position für das Topplicht festgelegt. Dieses darf sich nun nicht mehr auf der gleichen Höhe wie die Seitenlichter befinden, sondern muss vorne am Fahrzeug und in einer entsprechenden Höhe befestigt sein. Diese Beleuchtung gilt für Fahrzeuge bis zu 110 m Länge. Fahrzeuge über 110 m Länge bekommen ein zweites Topplicht, welches in Höhe der Seitenlichter befestigt ist. Dementsprechend würden bei einem Fahrzeug über 110 m Länge von vorne ein rotes und ein grünes Seitenlicht sowie zwei separate Topplichter zu sehen sein. Man sollte dann entsprechend ausweichen.

Spezielle Schiffe

Fähren:

Fähren ab zwölf Personen setzen bei Nacht Grün über Weiß. Dabei handelt es sich um Rundumlichter. Unterschieden werden allerdings freifahrende Fähren und nicht freifahrende Fähren. Nicht freifahrende Fähren sind an Drahtseilen mit dem Ufer verbunden und hangeln sich an diesen entlang, sie sind also nicht in Fahrt. Daher reicht für diese das grüne und weiße Rundumlicht. Fähren, die freifahren, müssen zusätzlich mit dem roten und grünen Seitenlicht sowie dem Hecklicht gekennzeichnet sein.

Schubverbände:

Schubverbände sind in der Regel besonders breit und bekommen daher vorne sowie hinten eine besondere Beleuchtung. Die seitlichen Lichter in Grün und Rot bleiben bestehen. Vorne bekommt der Schubverband allerdings drei Topplichter im Dreieck angeordnet und hinten ebenfalls drei Hecklichter, allerdings nebeneinander angeordnet.

Gefahrguttransport:

Neben der Kennzeichnung für Fahrzeuge bekommen Gefahrguttransporte zur eindeutigen Erkennung ein zusätzliches blaues Rundumlicht. Es müssen 10 m Abstand gehalten werden, da brennbare Ladung transportiert wird. Transportiert das Schiff gesundheitsschädliche Ladung, werden zusätzlich zwei blaue Rundumlichter geführt. Man ist angehalten, 50 m Abstand zu halten. Explosive Ladung ist mit drei zusätzlichen blauen Rundumlichtern gekennzeichnet. Ein Abstand von 100 m ist einzuhalten.

Mögliche Prüfungsfragen:

10. Was bedeuten grüne über weiße Rundumlichter? (B124)
11. Was bedeuten drei im Dreieck angeordnete Topplichter? (B123)
12. Welche Lichter führt ein Schubverband? (B246)
13. Was bedeutet ein blaues Rundumlicht auf einem Fahrzeug? (B126)
14. Was bedeuten drei blaue Rundumlichter auf einem Fahrzeug? (B130)

Ankerlieger

Ein Ankerlieger setzt ein weißes Rundumlicht. Dieses sollte Richtung Fahrwasser und nicht Richtung Ufer gesetzt werden. Ist der gesetzte Anker gefährdend für die Schifffahrt, weil er beispielsweise ein kleines Stück in das Fahrwasser hineinragt, sind zwei weiße Rundumlichter zu setzen.

Die KVR bei Nacht

Auch Schiffe, die vor allem auf der hohen See anzutreffen sind, müssen besonders gekennzeichnet sein. Diese sind mit Rundumlichtern gekennzeichnet, da sie immer auf einen Zustand hinweisen.

Das tiefgangbehinderte Fahrzeug:

Dieser Fahrzeugtyp setzt bei Nacht drei rote Rundumlichter senkrecht übereinander.

Das manövrierunfähige Fahrzeug:

Dieser Fahrzeugtyp setzt bei Nacht ebenfalls zwei rote Rundumlichter senkrecht übereinander. Hat der Manövrierunfähige nur diese beiden Rundumlichter geschaltet, handelt es sich um ein manövrierunfähiges Fahrzeug, welches in Fahrt ist, aber keine Fahrt durchs Wasser macht, sondern nur auf dem Wasser treibt. Sind zusätzlich die Sektorenlichter und das Hecklicht eingeschaltet, handelt es sich um ein manövrierunfähiges Fahrzeug in Fahrt mit Fahrt durchs Wasser.

Das manövrierbehinderte Fahrzeug:

Dieser Fahrzeugtyp setzt bei Nacht ein rotes Rundumlicht, ein weißes Rundumlicht und wieder ein rotes Rundumlicht senkrecht übereinander. Hat der Manövrierbehinderte nur diese drei Rundumlichter geschaltet, handelt es sich um ein manövrierbehindertes Fahrzeug, welches in Fahrt ist, aber keine Fahrt durchs Wasser macht, es treibt lediglich auf dem Wasser. Sind zusätzlich die Sektorenlichter und das Hecklicht eingeschaltet, handelt es sich um ein manövrierbehindertes Fahrzeug in Fahrt mit Fahrt durchs Wasser.

Fischer und Trawler:

Der Trawler ist mit einem grünen über einem weißen Rundumlicht gekennzeichnet. Der Fischer hingegen bekommt die Kennzeichnung mit einem roten Rundumlicht über dem weißen Rundumlicht. Auch diese beiden Fahrzeuge haben keine weiteren Lichter geschaltet, wenn sie keine Fahrt durchs Wasser machen. Bei Fahrt durchs Wasser sind die Sektoren- und Hecklichter eingeschaltet.

Ankerlieger über 50 m:
Ankerlieger über 50 m Länge setzen neben dem einen weißen Rundumlicht ein zweites Rundumlicht. Dabei sollte sich ein Rundumlicht am Bug und eines am Heck des Schiffes befinden. Ab 100 m Länge wird zusätzlich die Beleuchtung des Decks angeschaltet.

Mögliche Prüfungsfragen:

15. Welche Lichter führt ein Tiefgangbehinderter? (S108)
16. Welches Fahrzeug führt ausschließlich zwei rote Rundumlichter? (S97)
17. Welches Fahrzeug führt zwei rote Rundumlichter plus die Sektoren- und das Hecklicht? (S98)
18. Welches Fahrzeug führt rot-weiß-rote Rundumlichter mit zusätzlichen Sektoren- und Hecklichtern? (S103)
19. Welches Fahrzeug führt grüne über weiße Rundumlichter, Sektoren- und Hecklicht? (S110)
20. Welches Licht führt ein Ankerlieger über 100 m Länge? (S115)

SICHERHEIT

Seeventile:
Sollte man das Boot länger verlassen, sind einige Sicherheitsvorkehrungen zu treffen. Alle Wasserfahrzeuge sind mit Seeventilen ausgestattet. Diese verhindern das Eindringen von Wasser in den Schiffsrumpf und sollten daher beim Verlassen des Bootes immer geschlossen werden.

Rettungswesten:
Ein weiteres wichtiges Thema zur Sicherheit sind die Rettungswesten. Alle Rettungswesten sollten alle zwei Jahre geprüft werden. Ein Prüfbutton an der Weste verrät, wann die letzte Prüfung vollzogen wurde. Zudem sollte auch regelmäßig durch den Schiffsführer kontrolliert werden, ob die CO_2-Patrone der Rettungswesten noch intakt ist.

Gasanlage:
Viele Wasserfahrzeuge haben eine integrierte Gasanlage, da auf dem Wasser häufig mit Gas gekocht wird. Man sollte bei der Verwendung von Gas besondere Vorsicht walten lassen. Durch das schwere Propan oder Butan sammeln sich diese bei einem Leck in der Bilge und bilden in Verbindung mit Luft ein explosives Gemisch. Daher müssen Gasanlagen einmalig vor Inbetriebnahme des Schiffes abgenommen werden und die Gasflaschen werden aus Sicherheitsgründen an Deck in einer kleinen Extrakammer gelagert. Es muss trotzdem vor Inbetriebnahme geprüft werden, ob alle Leitungen und Anschlüsse dicht sind.

Tanken:

Genau wie beim Betanken des Autos gibt es auch beim Tanken des Wasserfahrzeuges gewisse Verhaltensregeln. Der Motor sollte abgestellt und in dieser Zeit sollten keine elektrischen Schalter benutzt werden. Offenes Feuer ist beim Tanken verboten. Es sollten zudem Vorbereitungen gegen das Überlaufen von Benzin getroffen werden, damit nichts in das Wasser gelangt.

Mögliche Prüfungsfragen:

1. Wie oft müssen aufblasbare Rettungsmittel gewartet werden? (S67)
2. Warum sind Gasanlagen an Bord besonders gefährlich? (S63)
3. Wo sollen die Gasflaschen einer Flüssiggasanlage gelagert werden? (S62)
4. Was ist zu tun, wenn Gas in das Bootsinnere gelangt? (S64)

Feuer

Wenn es auf einem Schiff brennt, handelt es sich in den meisten Fällen um einen Motorbrand. Wichtig ist, dass man sich vor dem Losfahren mit den Positionen der Feuerlöscher an Bord vertraut macht. Zudem sollte man wissen, welche Art von Feuerlöschern sich an Bord befindet und welche Feuerlöscher für welche Art von Brand verwendet werden müssen. Auf Sportbooten befinden sich in der Regel ABC-Feuerlöscher oder Schaumlöscher. Diese müssen, genau wie Rettungsmittel, alle zwei Jahre gewartet werden.

Sollte es doch einmal zu einem Brand kommen, ist es wichtig, dass man dem Feuer die Luftzufuhr abschneidet oder diese bestmöglich verringert. Daher sollten Luken und Türen geschlossen werden. Als Erstes sollte der Feuerlöscher immer gegen den Brandherd eingesetzt und das Feuer sollte zudem von unten bekämpft werden.

Mögliche Prüfungsfragen:

5. Welche Maßnahmen sollten ergriffen werden, um einen Brand bestmöglich zu bekämpfen? (S69)
6. Welche Arten von Feuerlöschern sind für Sportboote geeignet? (S68)

Person über Bord

Ist eine Person über Bord gefallen, gibt es verschiedene Methoden, diese wieder an Bord zu bekommen.

- Man versucht, die Person an das Heck zu befördern und diese über die Badeleiter auf das Boot zu bekommen.
- Es gibt sogenannte Bergenetze, mit denen Personen über Bord an der Seite des Schiffes hinaufgezogen werden können.

- Man wirft dem über Bord gegangenen eine Rettungsschlaufe hinterher, so ist sichergestellt, dass die Person nicht davontreibt.
- Man kann den Großbaum benutzen, um einen Flaschenzug (auf dem Wasser „Talje" genannt) herzustellen und die Person so wieder an Bord zu manövrieren.

Damit gar nicht erst eine Person über Bord fällt, gibt es sogenannte Lifebelts. Das sind Sicherungsleinen, mit denen man sich am Boot sichern kann, um nicht über Bord zu gehen.

Seenot und Kentern

Seenot bedeutet, dass man Gefahr für Leib und Leben an Bord hat. In einer solchen Situation dürfen Notsignale abgegeben werden. Es gibt verschiedene Möglichkeiten, die Seenot zu signalisieren:

- Eine Signalrakete wird gezündet, die einen roten Leuchtstern abschießt.
- Das Schallsignal von drei kurzen Tönen, gefolgt von drei langen Tönen und wieder drei kurzen Tönen, wird abgegeben.
- Das SOS-Signal kann mit Licht oder Ton abgegeben werden.
- Die Seenot kann über den Funkverkehr abgegeben werden.
- Ein dauerhaftes Tonsignal mit dem Horn kann abgegeben werden.
- Flagge „N" über Flagge „C" kann gesetzt werden.

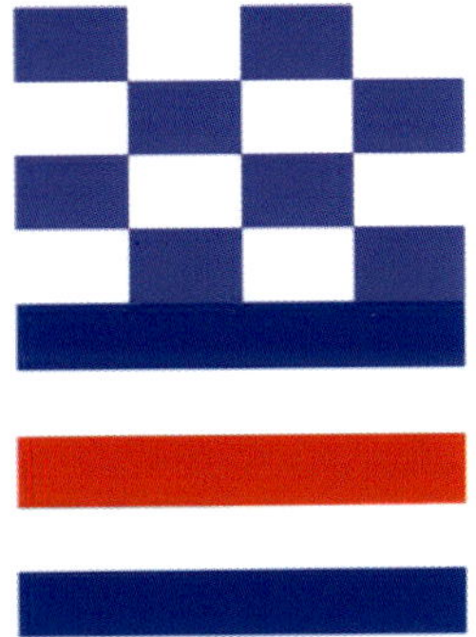

- Hat man keine andere Möglichkeit, kann man mit ausgestreckten Armen winken, um die Aufmerksamkeit anderer Boote zu bekommen.
- Ein ganz altes Seenotsignal ist der Ball über Flagge, d. h., ein runder Gegenstand wird über irgendeiner Flagge gehisst.

Bei kleineren Schiffen ist es durchaus möglich, dass diese kentern. Ist das der Fall, ist es ganz wichtig, dass alle Personen in der Nähe des Schiffes bleiben. Rettungsboote werden zunächst zu dem gekenterten Schiff fahren, daher ist es nicht ratsam, in Richtung Ufer zu schwimmen. Die Gruppe sollte immer zusammenbleiben.

Mögliche Prüfungsfragen:

7. Wann dürfen Seenotsignale abgegeben werden? (S72)
8. Was bedeutet N über C auf einem Fahrzeug? (S280)
9. Was bedeutet es, wenn ein roter Stern aus einer Leuchtrakete geschossen wird? (S283)
10. Was sollte man tun, wenn ein Fahrzeug gekentert ist? (S277)

Maschinenanlage

Es gibt zwei grundlegend verschiedene Antriebsarten, wie die Motorleistung auf den Propeller übertragen wird, um das Schiff voranzutreiben. Bei der Einbaumaschine wird der Motor in das Schiff eingebaut. Die Kraft wird auf den starren Propeller übertragen und strömt ein dahinter sitzendes Ruderblatt an, mit dem gesteuert wird. Das macht das Manövrieren sehr sensitiv. Der Außenborder sitzt hinten an dem Schiff. Man kennt dies vor allem von Schlauchbooten. Die Streuwirkung eines Außenborders entsteht dadurch, dass man den kompletten Motor dreht.

Außenborder

Außenborder werden vor allem auf kleineren Booten benutzt. Durch den sogenannten Quickstopp wird verhindert, dass, wenn der Schiffsführer ins Wasser fällt, das Boot einfach weiterfährt. Es handelt sich dabei um eine Schnur, die beispielsweise mit der eigenen Rettungsweste verbunden wird. Fällt nun der Schiffsführer ins Wasser, wird automatisch ein Stift am Motor gezogen, der am Außenborder befestigt ist, was wiederum die Zündung unterbricht – der Motor geht aus.

Beim Außenborder gibt es zudem zwei verschiedene Betankungssysteme. Bei einigen Außenbordern befindet sich der Tank oben auf dem Motor. Es gibt aber auch Außenborder mit einem externen Tankbehälter, der in das Boot gestellt werden kann. Aus beiden Tanks zieht der Motor das Benzin, das er braucht. Damit in den Tanks kein Unterdruck entsteht, muss eine Belüftungsschraube aufgedreht werden, damit Luft in den Tank nachströmen kann.

Mögliche Prüfungsfragen:

11. Wodurch wird bei einem Fahrzeug mit Außenborder die Ruderwirkung erzielt? (B50)
12. Was ist der Quickstopp? (B42)
13. Was könnte die Ursache sein, wenn ein Außenborder mit gefülltem Tank plötzlich stehen bleibt? (B57)

Einbaumaschine

Eine kleine Hilfsregel für die Funktion der Einbaumaschine ist die „WOLKE“:

- **W – Wasser**

Damit der Motor nicht überhitzt, braucht der Motor Kühlwasser. Sobald der Motor läuft, sollte man also als Erstes am Heck schauen, ob dort Kühlwasser ausgeschieden wird. Kommt kein Wasser, könnte das die folgenden Gründe haben: Das **Seeventil** ist geschlossen. Das Ventil sitzt unter der Wasserlinie, sodass sich der Motor das Seewasser direkt von außen ziehen kann. Die **Impellerpumpe** (ein von einem ring- oder röhrenförmigen Gehäuse umschlossener Propeller), die das Wasser zum Motor pumpt, ist defekt oder verschlissen. Der **Filter**, der das Seewasser filtert, ist verstopft. Der **Thermostat**, der die Motortemperatur misst, ist defekt oder der **Kühlwasserstand** im Motor stimmt nicht.

- **O – Öl**

Der Ölstand muss, wie auch bei einem Auto, kontrolliert werden. Dabei sollte darauf geachtet werden, dass der Ölstand nie unter die niedrigste Füllmarke rutscht. Geht die Öldruckanzeige beispielsweise nicht aus oder der Motor läuft heiß, dann könnte das an einer defekten Öldruckpumpe liegen.

- **L – Luft**

Da der Motor rundherum mit Dämmschallmatten isoliert ist, braucht dieser die Luftschläuche, um sich Luft aus der Umgebung zu ziehen und nicht aus dem Innenraum des Schiffes. Rußige Abgase sind ein Zeichen dafür, dass der Motor nicht genug Luft bekommt. Das ist ein Zeichen für unzureichende Verbrennungsprozesse im Motor.

- **K – Kraftstoff**

Jeder Motor hat einen Kraftstofftank. Aus Sicherheitsgründen gibt es ein Kraftstoffventil, das bei Schließung die Kraftstoffzufuhr zum Motor abschneidet.

- **E – Elektrizität**

Die Lichtmaschine in einem Boot erzeugt Strom und füllt damit eine Batterie. Diese ist vom Prinzip her vergleichbar mit einer Autobatterie. Wird kein Strom erzeugt, kann das an einem losen Keilriemen liegen oder der Laderegler ist defekt. Das erkennt man am Nichterlöschen der Ladekontrollleuchte nach dem Start des Motors.

Mögliche Prüfungsfragen:
14. Die Motortemperatur steigt an, was könnte die Ursache sein? (B53)
15. Was könnte die Ursache für eine konstant leuchtende Ölkontrollleuchte sein? B(55)
16. Was könnte die Ursache sein, wenn die Ladekontrollleuchte nach dem Start nicht erlischt? (B54)

Schallsignale

Schallsignale können vielseitig eingesetzt werden. Es gibt zum einen die Schallsignale, die bei schlechter Sicht auf ein Boot oder ein Hindernis aufmerksam machen sollen. Es gibt aber auch Schallsignale, die bei guter Sicht eingesetzt werden, um mit den umliegenden Schiffen zu kommunizieren.

Schallsignale bei Sicht

Die Schallsignale können Warnsignale oder Manöversignale sein. Sie bestehen immer aus langen Tönen (ca. 4 bis 6 Sekunden) und kurzen Tönen (ca. 1 Sekunde). Lange Töne werden dabei als Strich und kurze Töne als Punkt dargestellt. Die Schallsignale werden mit einer Pfeife, Glocke oder der Hupe gegeben.

Warnsignale

Möchten Sie an einer nicht einsehbaren Kurve oder beispielsweise einer Hafenausfahrt auf sich aufmerksam machen, geben Sie das Signal für „Achtung!", welches ein langer Ton darstellt. An manchen Stellen gibt es zudem ein Schild (roter Kasten mit schwarzem Punkt), das Sie darauf hinweist, dass Sie hier einen Ton abgeben sollen. Welcher das ist, steht in dem schwarz umrandeten Kasten unter dem Schild. In diesem Fall ist es ein langer Ton.

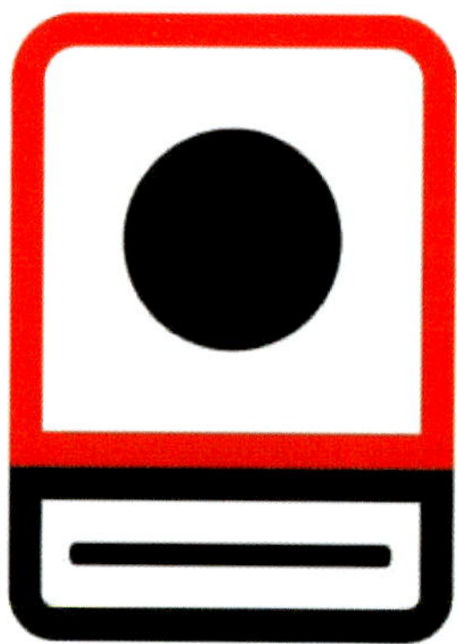

Kommt Ihnen ein anderes Schiff entgegen und dieses macht keine Anstalten, den Ausweichregeln zu folgen, können Sie eine Folge von mindestens sechs kurzen Tönen abgeben. Damit machen Sie den anderen Bootsfahrer auf seine Ausweichpflicht aufmerksam. Dieses Signal kann so lange gegeben werden, bis das entgegenkommende Boot reagiert.

Hören Sie immer wieder einen kurzen Ton gefolgt von einem langen Ton, so bedeutet das, dass Sie dem entsprechenden Schiff nicht zu nahekommen sollen. Das ist z. B. der Fall, wenn es sich um einen Gefahrenguttransport handelt oder das Schiff vielleicht gerade gefährliche Ladung löscht. Das Signal wird so lange gegeben, bis Sie sich aus der Gefahrenzone bewegen.

Manöversignale

Um anderen Schiffen mitzuteilen, wenn eine Kursänderung bevorsteht, gibt es die sogenannten Manöversignale. Diese bestehen immer nur aus kurzen Tönen. Hierbei bedeutet ein kurzer Ton, dass die Richtung nach Steuerbord (rechts) geändert wird. Zwei kurze Töne geben eine Kursänderung nach Backbord (links) an. Drei kurze Töne zeigen an, dass rückwärtsgefahren wird, und vier kurze Töne in Folge geben den umliegenden Schiffen an, dass Sie manövrierunfähig sind, weil zum Beispiel Ihre Antriebsmaschine ausgefallen ist. Werden fünf kurze Töne in Folge abgegeben, bedeutet dies, dass das Überholen nicht möglich ist. Sehen Sie beispielsweise ein von hinten kommendes Fahrzeug, welches Sie überholen möchte, gleichzeitig aber auch ein entgegenkommendes Fahrzeug, welches der Überholende vielleicht nicht bemerkt hat, sollten Sie die fünf kurzen Töne ausstoßen, um den Überholenden zu warnen, dass dies nicht möglich ist. Es gibt ebenfalls Schallsignale, die eine Wende einleiten. Möchten Sie eine Wende über Steuerbord durchführen, wird dies durch einen langen Ton gefolgt von einem kurzen Ton signalisiert. Bei der Wende über Backbord folgen auf den langen Ton zwei kurze Töne.

Auch Überholmanöver werden entsprechend von dem Überholenden angekündigt. Zwei lange Töne gefolgt von einem kurzen Ton bedeuten, dass der Überholende den Vorausfahrenden auf der Steuerbordseite überholen möchte. Zwei lange Töne gefolgt von zwei kurzen Tönen bedeuten, dass der Überholende auf Backbordseite überholen möchte. Eine Kursänderung bei der Hafeneinfahrt und -ausfahrt muss ebenfalls gesondert angesagt werden, da hier in der Regel sehr wenig Platz zur Verfügung steht und mehr Verkehr herrscht. Eine Kursänderung bei der Hafeneinfahrt und -ausfahrt über Steuerbord wird daher mit drei langen Tönen gefolgt von einem kurzen Ton angesagt, die Kursänderung über Backbord entsprechend mit drei langen Tönen gefolgt von zwei kurzen Tönen.

SBF-See: Schallsignale

Kurzer Ton
ein kurzer Ton (•)dauert etwa 1 sekunde.

Langer Ton
ein langer Ton(–)dauert etwa 4-6 Sekunden.

Wendezeichen
(nur für die Großschifffaht vorgeschrieben)

Wenden über Backbord

Wenden über Steuerbord

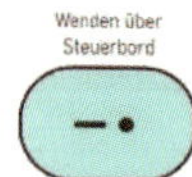

Maschine läuft rückwärts

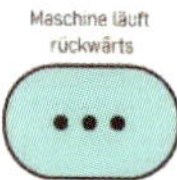

Manoẍerschallsignale

Kursänderung nach Backbord

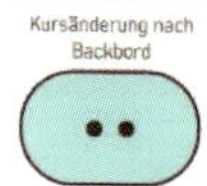

Kursänderung nach Steuerbord

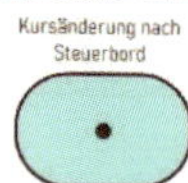

Schallsignale von festen Einrichtungen

Hafen oder Nebenwasserstraße: Ein-oder Ausfahrt mit Kursänderung nach Backbord

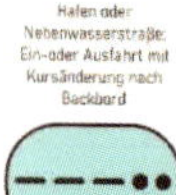

Hafen oder Nebenwasserstraße; Ein-oder Ausfahrt mit Kursänderung nach Steuerbord

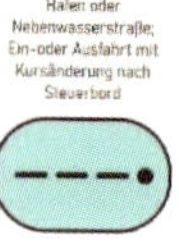

Überholen nicht möglich

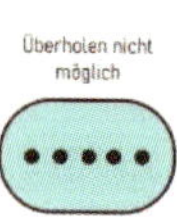

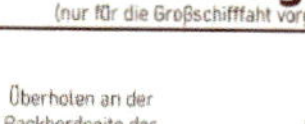

Überholsignale
(nur für die Großschifffaht vorgeschrieben)

Überholen an der Backbordseite des Vorausfahrenden

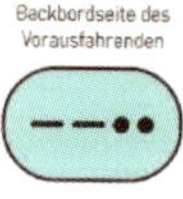

Überholen an der Steuerbordseite des Vorausfahrenden

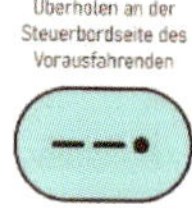

Andere Schallzeichen

Bleib-weg-Signal

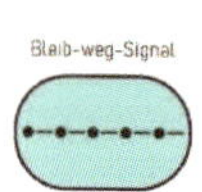

Ein langer Ton: Achtung!

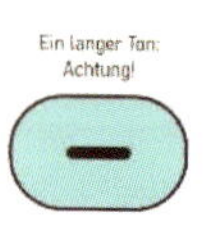

Sehr kurze Töne (mind. 6x): Gefahr eines Zusammenstoßes

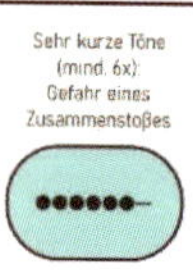

Notzeichen: Folge langer Töne oder Gruppe von Glockenschlägen

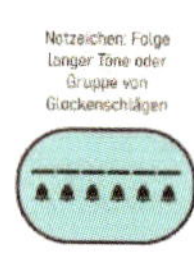

Fahrzeug ist manövrierunfähig

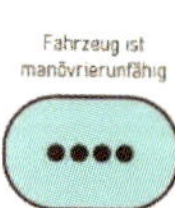

Mögliche Prüfungsfragen:

1. Wie lange dauert ein kurzer Ton? (B4 und S4)
2. Wie lange dauert ein langer Ton? (B5 und S5)
3. Welche Bedeutung haben ein kurzer und ein langer Ton in Folge, die mehrmals wiederholt werden? (B16 und S16)
4. Was ist die Bedeutung eines langen Tones? (B159)
5. Was bedeutet eine Folge von mindestens sechs kurzen Tönen? (B169)
6. Was ist die Bedeutung von vier kurzen Tönen? (B160)
7. Was ist die Bedeutung von fünf kurzen Tönen? (B161)
8. Was bedeutet ein langer Ton gefolgt von einem kurzen Ton? (B162)
9. Was ist die Bedeutung von zwei langen Tönen gefolgt von zwei kurzen Tönen? (B164)

Schallsignale speziell für den SBF-See

In diese Kategorie gehören zum einen die Signale, welche Fahrzeuge des öffentlichen Dienstes benutzen. Daher handelt es sich hierbei um Signale, die Sie wahrscheinlich nicht selbst geben werden, aber die Möglichkeit besteht, dass Sie diese Signale hören, weshalb Sie wissen sollten, was sie bedeuten. Zum anderen gibt es auf den Seeschifffahrtsstraßen zusätzlich Warnsignale.

Schallsignale des öffentlichen Dienstes

Es kann beispielsweise vorkommen, dass Seeschifffahrtsstraßen gesperrt werden müssen. Dies ist häufig der Fall in der Nähe von größeren Häfen, wenn ein großes Containerschiff um 180° gedreht werden muss. Zur Sperrung der Seeschifffahrtsstraßen hört man dann das folgende Signal: drei lange Töne und anschließend noch einmal drei lange Töne. Die Sperrung ist dann meist aber nur vorübergehend. Möchte ein Fahrzeug des öffentlichen Dienstes, wie beispielsweise die Küstenwache, die Wasserschutzpolizei oder die Wasser- und Schifffahrtsdirektion, mit dem Schiffsführer eines Schiffes sprechen, wird zum einen eine schwarz-gelb karierte Flagge gehisst, welche besagt, dass das Schiff sofort anhalten soll. Das dazugehörige Schallsignal lautet kurzer Ton, langer Ton und wieder zweimal der kurze Ton. Hören Sie dieses Schallsignal, sollten Sie sofort stoppen.

Warnsignale

Für Seeschifffahrtsstraßen gibt es ein allgemeines Gefahren- und Warnsignal. Dieses kann sowohl gegeben werden, wenn Sie andere Schiffe gefährden, als auch dann, wenn Sie sich durch andere Schiffe gefährdet fühlen. In diesen Fällen ist ein langer Ton gefolgt von vier kurzen Tönen abzugeben. Diese Abfolge kann wiederholt werden.

Schallsignale bei verminderter Sicht

Die Schallsignale bei verminderter Sicht, wie z. B. bei Schneeschauer und Nebel, sind nicht zu verwechseln mit den Schallsignalen bei guter Sicht. Das Prinzip der Schallsignale bei verminderter Sicht folgt der zunehmenden Gefährlichkeit einer Situation. Diese Schallsignale werden alle zwei Minuten erneut abgegeben.

Art des Fahrzeugs	Bemerkung	Schallsignal
Maschinenfahrzeug	in Fahrt, mit Fahrt durchs Wasser	ein langer Ton alle 2 Minuten
Maschinenfahrzeug	in Fahrt, ohne Fahrt durchs Wasser	zwei lange Töne alle 2 Minuten
Manövrierunfähiges Fahrzeug		
Manövrierbehindertes Fahrzeug	in Fahrt	
Manövrierbehindertes Fahrzeug	vor Anker	
Manövrierbehindertes Fahrzeug	schleppt oder schiebt ein anderes Boot oder Schiff	ein langer Ton gefolgt von 2 kurzen Tönen alle 2 Minuten
Tiefgangbehindertes Fahrzeug		
Segelboote		
Fischendes Fahrzeug	in Fahrt	
Fischendes Fahrzeug	vor Anker	
Geschlepptes Fahrzeug (letztes benanntes Fahrzeug eines Schleppverbandes)		ein langer Ton gefolgt von drei kurzen Tönen alle 2 Minuten
Ankerlieger		ein kurzer Ton gefolgt von einem langen Ton und erneut einem kurzen Ton
Ankerlieger	unter 100 m	Läuten der Schiffsglocke (Vorschiff, 5 Sekunden) mindestens jede Minute
Ankerlieger	über 100 m	Läuten der Schiffsglocke (Vorschiff, 5 Sekunden) mindestens jede Minute, unmittelbar danach Gong (Achterschiff) rasch schlagen

SBF-See: Schallsignale

Kurzer Ton
ein kurzer Ton (•)dauert etwa 1 sekunde.

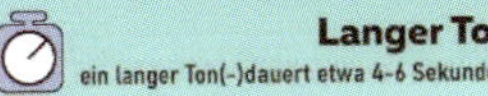

Langer Ton
ein langer Ton(–)dauert etwa 4-6 Sekunden.

Hinweis-und Warnzeichen

Ankerlieger warnt vor gefährlicher Annäherung

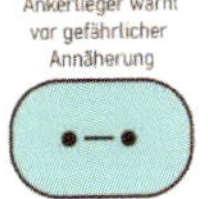

Bleib-weg-Signal: Gefahrenbereich sofort verlassen

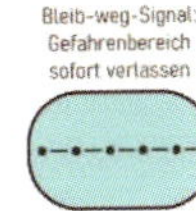

Einlaufen in Fahrwasser und Hafen

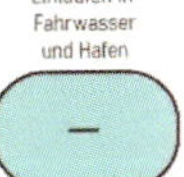

Manöverschallsignale

Meine Maschine läuft rückwärts

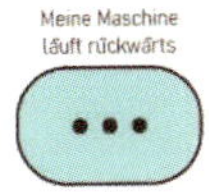

Ich ändere meinen Kurs nach Backbord

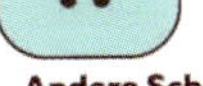

Ich ändere meinen Kurs nach Steuerbord

Hinweis-und Warnzeichen

Seenotsignal (SOS)

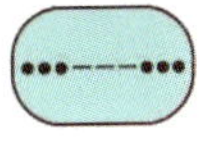

Polizeifahrzeug fordert zum Anhalten auf

Zeichen ortsfester Anlagen

Sperrung der Schiffahrtsstraße

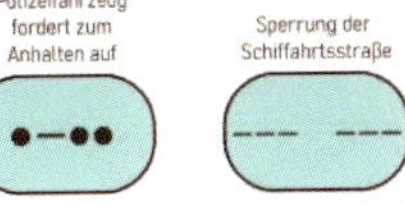

Brücke, Sperrwerk, Schleuse kann vorübergehend nicht geöffnet werden

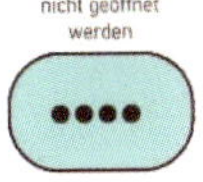

Andere Schallzeichenv vv

Allgemeines Gefahr-und warnsignal(z.B. bei Gefährdung durch ein anderes Fahrzeug)

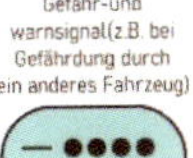

Ausweichpflichtiges Fahzeug wird auf Ausweichpflicht aufmerksam gemacht (mindestens 5 kurze Töne)

Vor Anker (bei verminderter Sicht)

Fahrzeug vor Anker, mehr als 100 m Länge: 5 Sekunden lang rasches Läuten der Glocke, danach 5 Sekunden lang rasches Schlagen des Gongs. Mindestens jede Minute

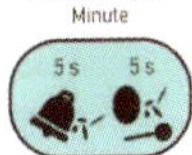

Fahrzeug vor Anker, weniger als 100 m Länge: 5 Sekunden lang rasches Läuten der Glocke, mindestens jede Minute

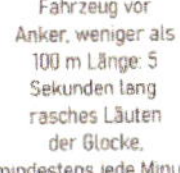

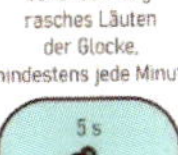

manövrierunfähig, manövrierbehindert tiefgangbehindert, segelnd, fischend, geschleppt (bei verminderter Sicht)

Schleppfahrzeug: «lang, kurz, kurz», letztes bemanntes Fahrzeug im Schleppverband: «lang,kurz, kurz, kurz.»

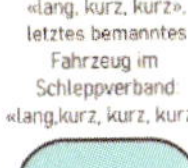

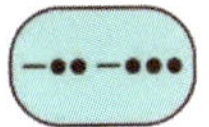

Manövrierunfähig oder manövrierbehindert in Fahrt oder vor Anker Tiefganagbehindert in Fahrt Segelfahrzeug (über 12 m) in Fahrt Schleppendes oder schiebendes Fahrzeug in Fahrt fischendes Fahrzeug in Fahrt oder vor Anker

Mindestens alle zwei Minuten

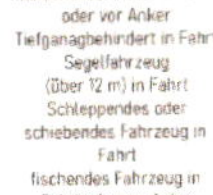

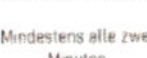

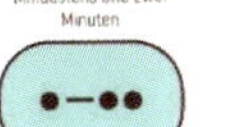

Maschinenfahrzeuge in Fahrt (bei verminderter Sicht)

Maschinenfahrzeug, das keine Fahrt durchs Wasser macht, mindestens alle 2 Minuten

Maschinenfahrzeug, das Fahrt durchs Wasser macht, mindestens alle 2 Minuten

Mögliche Prüfungsfragen:

10. Welche Bedeutung hat das Schallsignal zweimal drei lange Töne? (S188)
11. Welche Bedeutung hat das Schallsignal kurzer Ton, langer Ton und zweimal kurzer Ton? (S186)
12. Wie lautet das allgemeine Warn- und Gefahrensignal für Seeschifffahrtsstraßen? (S163)
13. Wann ist das allgemeine Warn- und Gefahrensignal zu geben? (S164)
14. Welches Schallsignal ist bei begrenzter Sicht beim Einlaufen in Häfen oder Fahrwasser zu geben? (S161)
15. Bei verminderter Sicht wird alle zwei Minuten ein langer Ton abgegeben. Welches Fahrzeug gibt das Signal? (S116)
16. Welches Schallsignal muss ein Segelboot bei verminderter Sicht abgeben? (S120)
17. Welche Fahrzeuge geben das Schallsignal von einem langen Ton gefolgt von zwei kurzen Tönen bei verminderter Sicht ab? (S118)
18. Welches Fahrzeug gibt bei verminderter Sicht jede Minute ein Läuten der Glocke von sich? (S122)
19. Welches Fahrzeug gibt bei verminderter Sicht jede Minute ein Läuten der Glocke und danach einen Gongschlag von sich? (S122)
20. Welches Schallsignal darf jeder Ankerlieger zusätzlich geben? (S124)

Schifffahrtszeichen

Verbote

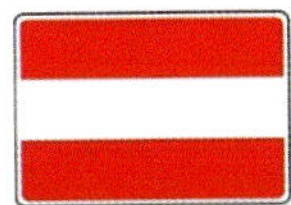

Durchfahrt verboten und Sperrung der Schifffahrt

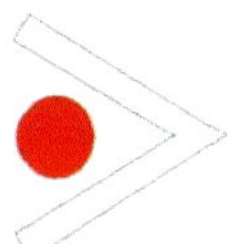

Verbot der Einfahrt in beispielsweise einen Hafen oder ein Nebenwasser

Gesperrte Wasserfläche, die allerdings für Kleinfahrzeuge ohne Antriebsmaschine befahrbar ist

Fahrverbot für Maschinenfahrzeuge

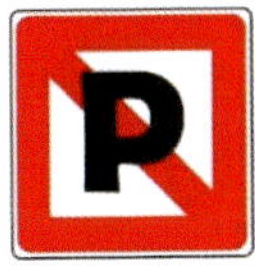

Festmache- und Liegeverbot

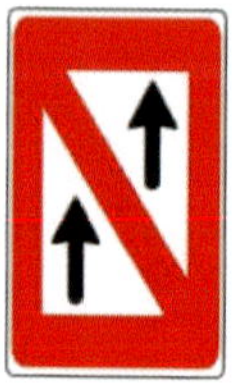

Überholverbot

Wendeverbot

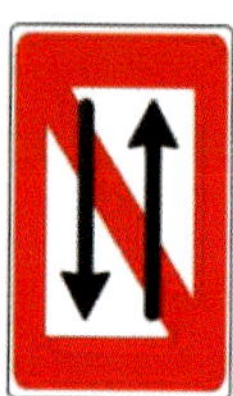

Begegnungsverbot, zwei Schiffe können hier wegen einer Engstelle nicht passieren

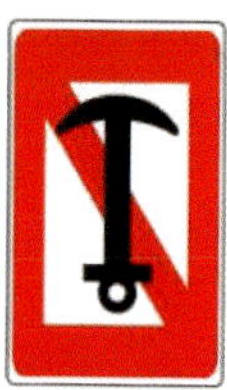

Ankerverbot für alle Fahrzeuge

Gebote

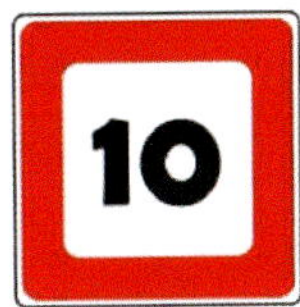

Höchstgeschwindigkeit in km/h gegenüber dem Ufer

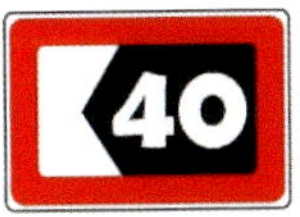

Mindestabstand in Metern, der zum Ufer eingehalten werden muss

Vorgeschriebene Fahrtrichtung für alle Fahrzeuge

Empfohlener Wendeplatz, das Stillliegen ist hier für alle Fahrzeuge verboten

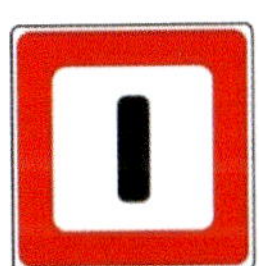

Besondere Vorsicht walten lassen

Liegestelle für Fahrzeuge mit explosiver Ladung, Kleinfahrzeuge verboten

Liegestelle für Fahrzeuge ohne gefährliche Güter, auch für Kleinfahrzeuge

Ende der Gebots- und Verbotsstrecke

Brücken, Schleusen und Sperrwerke

Schleusen verbinden Gewässer mit unterschiedlichem Wasserstand und helfen somit den Schiffen, diese unterschiedlichen Wasserstände zu überwinden. Sperrwerke sind Querbauwerke, die den Tidenfluss bei starker Schwankung der Gezeiten beeinflussen können. Bei Bedarf werden diese z. B. geschlossen. Auch Brücken können ein Hindernis darstellen, wenn sie besonders tief liegen. Diese haben dann die Funktion, ihre Flügel hochzuklappen, sodass größere Schiffe passieren können.

Sowohl Schleusen als auch Sperrwerke zeichnen sich dadurch aus, dass man diese nicht zu allen Zeiten passieren kann. Daher sind besondere Zeichen notwendig, die den Schiffsführern sagen, wie sie sich zu verhalten haben. An jedem Eingang gibt es das Haltegebotsschild (rotes Viereck mit einem schwarzen waagerechten Strich) und zwei Lichter. Je nachdem, wie diese angeordnet sind und in welcher Farbe sie leuchten, bedeuten diese verschiedene Dinge. Zwei rote Lichter senkrecht übereinander weisen darauf hin, dass die Schleuse oder das Sperrwerk dauerhaft geschlossen ist. Sind die beiden Lichter waagerecht nebeneinander angeordnet, bedeutet das nur eine momentane Schließung. Ein rotes Licht oder aber auch ein rotes und ein grünes Licht geben die Information, dass die Schleusung vorbereitet wird und es nur noch einen kleinen Augenblick dauert. Wichtig ist, dass, wenn sich die Schleusentür öffnet, nicht sofort hineingefahren wird. Man sollte immer darauf warten, bis zwei waagerecht angeordnete grüne Lichter erscheinen, die einem die Durchfahrt erlauben. Sie besagen auch, dass der Weg für den Gegenverkehr gesperrt ist, man muss sich also keine Sorgen über entgegenkommende Fahrzeuge machen.

Ist die Schleuse vielleicht geöffnet, aber eine Durchfahrt ist dennoch verboten, so ertönt das Schallsignal von vier kurzen Tönen, welches besagt, dass die Einfahrt verboten ist.

Mögliche Prüfungsfragen:

1. Welche Bedeutung haben zwei waagerecht angeordnete rote Lichter? (S28 und B28)
2. Welche Bedeutung haben zwei senkrecht übereinander angeordnete rote Lichter? (S29 und B29)
3. Was bedeuten zwei grüne Lichter vor der Schleuse? (S30 und B30)

Schleusendurchfahrt

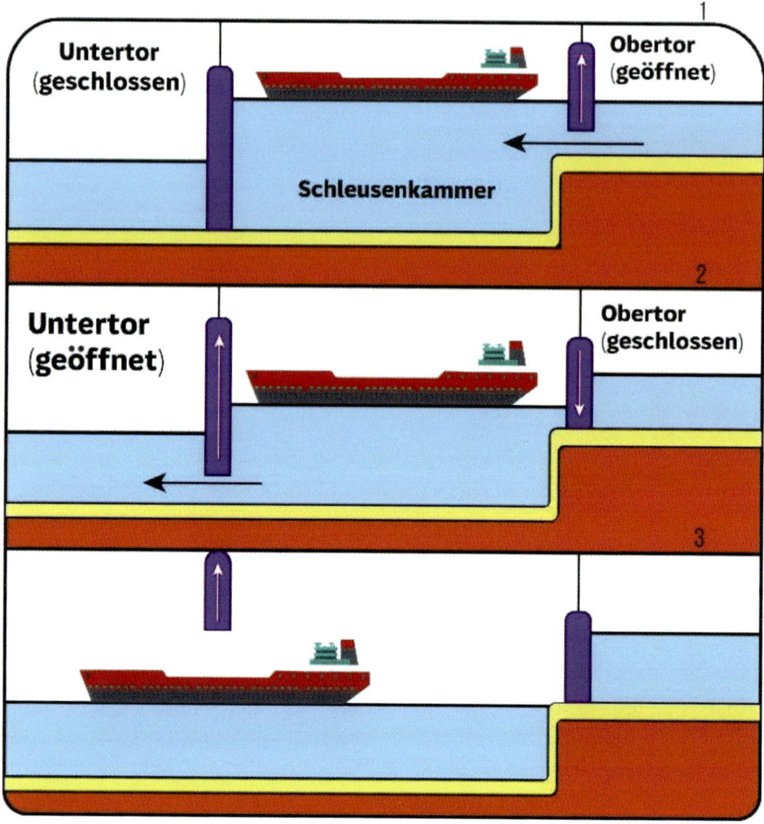

Da alle Flüsse ein leichtes Gefälle haben, staut man mithilfe einer Schleuse den Fluss im Oberwasserbereich. Da in diesem Bereich nun mehr Wasser vorhanden ist, müssen Schiffe diesen Höhenunterschied mithilfe einer Schleuse überwinden. Durch Ober- und Untertor hat man nun drei Bereiche mit unterschiedlichen Wasserständen.

Die Schleuse wird nun geöffnet, die beiden grünen Lichter erscheinen und Schiffe dürfen in die Schleuse fahren. Die Tore werden geschlossen und das Wasser aus der Schleusenkammer wird abgelassen, um den Wasserstand an das Unterwasser anzugleichen. Dabei muss das Obertor auf einem soliden Sockel stehen, den man als Drempel bezeichnet. Daher muss bei der Einfahrt in die Schleuse darauf geachtet werden, dass die Schiffe nicht zu weit hinten festgemacht sind, da beim Ablassen des Wassers ein Aufsetzen des Hecks auf dem Drempel möglich wäre. Ein gelber Strich an der Innenseite des Schleusentores warnt daher vor diesem.

In der Schleuse werden die Schiffe mit Leinen befestigt. Dabei sollte man bedenken, dass der Wasserstand sinkt und man immer mehr Leine nachgeben muss, da ansonsten das Boot in den Leinen hängen bleibt und in Schieflage gerät. Um Stöße gegen andere Schiffe und die Schleusenwände zu vermeiden, werden sogenannte Fender verwendet. Fender sind Schutzvorrichtungen, die an der Außenwand eines Schiffes befestigt werden. In Schleusen dürfen nur schwimmende Fender verwendet werden, da bei Verlust nichtschwimmender Fender, wie z. B. Autoreifen, die komplette Schleuse blockiert werden könnte. Vorfahrt bei der Schleuseneinfahrt hat immer die Berufsschifffahrt. Erst wenn alle Fahrzeuge in der Schleuse untergekommen sind, dürfen auch die Sportbootfahrer einfahren. Dies wird über einen großen Lautsprecher angesagt.

Mögliche Prüfungsfragen:

4. Mehrere Kleinfahrzeuge fahren in eine Schleuse ein. Worauf ist besonders zu achten? (B119)
5. Warum dürfen in Schleusen keine Autoreifen als Fender benutzt werden? (B245)
6. Welche Reihenfolge wird bei der Schleuseneinfahrt eingehalten? (B118)

Brücken

Es gibt zum einen bewegliche Brücken, deren Durchfahrt genauso geregelt ist wie die Durchfahrt einer Schleuse, und zum anderen statische Brücken, die man nicht hochfahren kann. Bei unbeweglichen Brücken wird mit Schildern gearbeitet. Diese sind lediglich Empfehlungen.

Gelbe Rauten zeigen an, in welchen Bereichen Sie eine Brücke durchfahren sollten. Mit Gegenverkehr muss gerechnet werden. Zwei gelbe Rauten neben- oder übereinander geben ebenfalls Empfehlungen, an welcher Stelle Sie eine Brücke durchfahren sollten. Hierbei ist allerdings nicht mit Gegenverkehr zu rechnen. Grün-weiße Rauten markieren sogar links und rechts einen genaueren Bereich, in dem die Durchfahrt empfohlen wird. Dementsprechend markieren rot-weiße Rauten den Bereichen, in dem die Durchfahrt verboten ist. Dabei sollten diese Schilder niemals an der roten und immer an der weißen Seite passiert werden.

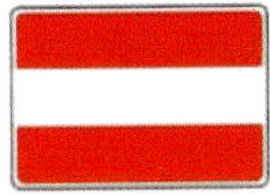

Das rot-weiß gestreifte, viereckige Schild verbietet die Durchfahrt komplett und spricht eine Sperrung für die Schifffahrt aus. Diese gilt sowohl für Fahrzeuge als auch für Kleinfahrzeuge.

Mögliche Prüfungsfragen:

7. Was bedeuten zwei gelbe Rauten an Brücken? (B115)
8. Was bedeutet nur eine gelbe Raute an Brücken? (B114)

SCHIFFSFÜHRUNG

Schiffsführer und Rudergänger

Schiffsführer: Person mit Sportbootführerschein. Dieser muss vor Fahrtantritt bestimmt werden. Bei nicht vorhandener Tauglichkeit oder Zuverlässigkeit kann der Führerschein des Schiffsführers entzogen werden (z. B. bei Alkoholeinfluss und über 0,5 Promille Blutalkoholkonzentration). Der Schiffsführer ist für das Befolgen der Schifffahrtsvorschriften verantwortlich und muss sich vor Fahrten auf fremden Gewässern über dort geltende Vorschriften kundig machen. Der Schiffsführer ist außerdem für die Sicherheit der Personen an Bord verantwortlich. Daher gehört eine Einweisung durch den Fahrzeugführer über Sicherheitsvorkehrungen an Bord sowie über die Handhabung der Rettungs- und Löschmittel zu seinen Aufgaben. Außerdem sollte auf Maßnahmen gegen das Überbordfallen hingewiesen werden.

Rudergänger: Es wird ein Rudergänger ernannt, sofern der Schiffsführer nicht selbst das Ruder übernimmt. An den Rudergänger werden nur geringe Anforderungen gestellt. Er muss mindestens 16 Jahre alt und körperlich und geistig in der Lage sein, den Job des Rudergängers auch auszuführen. Er hat Anweisungen entgegenzunehmen und muss Schallzeichen hören und verstehen können.

Fährt die Wasserschutzpolizei an Ihnen vorbei und hat eine Flagge mit schwarz-gelb karierter Farbe gehisst, bedeutet dies, dass Sie sofort anhalten müssen. Die Wasserschutzpolizei möchte in diesem Fall mit dem Fahrzeugführer sprechen.

Mögliche Prüfungsfragen:

1. Was muss man tun, wenn der Fahrzeugführer vor Fahrtantritt nicht feststeht, weil beispielsweise mehrere Personen in Frage kommen? (B1 und S1)
2. Möchte man ein Sportboot mit 11,03 kW (15 PS) oder weniger führen, welche Anforderungen muss der Bootsführer neben der körperlichen, geistigen und fachlichen Tauglichkeit erfüllen? (B78)
3. Aus welchen Gründen kann der SBF-Binnen entzogen werden? (B75)
4. In welchen Fällen darf kein Sportboot geführt werden? (B2)
5. Welche Anforderungen werden an den Rudergänger gestellt? (B80)
6. Was muss ein geeigneter Rudergänger mit sich bringen? (B82)
7. Welche Sicherheitsmaßnahmen müssen vor Fahrtantritt vom Fahrzeugführer für die Personen an Bord getroffen werden? (S78)
8. Was bedeutet eine schwarz-gelb karierte Flagge? (S185)
9. Für das Führen welcher Fahrzeuge ist auf den Seeschifffahrtsstraßen kein Führerschein nötig? (S75)
10. Für welche Fahrzeuge wird kein SBF-See benötigt? (S75)
11. In welchen Fällen darf kein Sportboot geführt werden? (S2)
12. Wer ist für die Einhaltung der Verkehrsregeln verantwortlich? (S76)
13. Was ist zu tun, wenn das eigene Fahrzeug gesunken ist und nun ein Hindernis für andere Schiffe darstellt? (S172)
14. Wozu ist ein Fahrzeugführer verpflichtet, wenn sein Fahrzeug mit einer UKW-Anlage ausgestattet ist? (S158)

Umweltrecht

Um besondere See- und Küstengebiete zu schützen, werden diese als Naturschutzgebiete oder Nationalparks ausgewiesen. Diese werden auch immer in den Seekarten und Sportschifffahrtskarten dargestellt. Dort finden Sie ebenfalls Hinweise zu Befahrungsmöglichkeiten. Um die Fauna und Flora in diesen Schutzgebieten zu schonen, sind Fahrzeuge nur zu bestimmten Zeiten und mit langsamen Geschwindigkeiten zugelassen. Allgemein gilt in Naturschutzgebieten und Naturparks eine Höchstgeschwindigkeit von 16 sm/h (Seemeilen pro Stunde).

Neben dem Naturschutzgebiet selbst werden besonders gefährdete Bereiche in Zonen aufgeteilt. In Zone I darf nur in einem Zeitfenster von sechs Stunden vor und nach Hochwasser gefahren werden. Zudem gilt eine Geschwindigkeitsbeschränkung von 12 sm/h.

In dem Merkblatt **„Zehn goldene Regeln für Wassersportler“** stehen viele nützliche Hinweise, wie man sich besonders in Naturschutzgebieten richtig verhält. Bevor Sie also einen solchen Bereich befahren, sollten Sie sich diese Regeln einmal genauer anschauen. Diese können auf der Seite des Deutschen Segler-Verbands in aller Ausführlichkeit eingesehen werden:

https://www.dsv.org/zehn-goldene-regeln/

Es sollte für jeden Menschen selbstverständlich sein, dass nicht nur in Naturschutzgebieten, sondern überall in der Natur kein Müll entsorgt wird. Auch Ansammlungen von Öl dürfen nicht in das Wasser geraten. Diese müssen in geeigneten Behältern gesammelt und vorschriftsmäßig an Land entsorgt werden.

Mögliche Prüfungsfragen:

1. Wo findet man Naturschutzgebiete und ihre Grenzen auf See? (S216)
2. Wie hat man sich in Schutzgebieten zu verhalten? (S 225)
3. Zu welchen Zeiten darf ein Fahrzeug in der Zone I der Nationalparks fahren? (S227)
4. Welche Höchstgeschwindigkeit gilt in Naturschutzgebieten in der Nordsee außerhalb von Zone I und II? (S229)
5. Wo findet man weitere Informationen zum umweltbewussten Verhalten in Naturschutzgebieten und Gewässern? (B31 und S31)
6. Was ist zu tun, wenn Öl und andere Flüssigkeiten in die Bilge gelangt sind? (B43 und S43)

Wetter

Hoch- und Tiefdruckgebiete

Luftdruck, Luftfeuchtigkeit und die Temperatur sind wichtige Faktoren, die das Wettergeschehen beeinflussen. Sie sind dafür verantwortlich, dass es in bestimmten Bereichen der Erde Hochdruck- oder Tiefdruckgebiete gibt. In einem Hochdruckgebiet herrscht, wie der Name schon sagt, ein höherer Druck als in der Umgebung. Es entsteht dadurch, dass kalte Luftmassen großräumig absinken und sich in Bodennähe sammeln. Ein Tiefdruckgebiet zeichnet sich hingegen durch einen geringeren Druck aus, als in seiner Umgebung herrscht. Es entsteht beispielsweise, wenn sich Luftmassen erwärmen und aufsteigen. Um diese Druckunterschiede auszugleichen, strömt die Luft immer von Hochdruckgebieten in Richtung der Tiefdruckgebiete, was man als Wind bezeichnet. Dabei erfährt die Luft, wie alle Bewegungen auf der Nordhalbkugel, eine

Rechtsablenkung durch die Erdrotation, auch als Corioliskraft bezeichnet. Dadurch verlangsamt sich der Luftstrom.

Je größer der Luftdruckunterschied zwischen einem Hochdruckgebiet und einem Tiefdruckgebiet ist, desto schneller fließt die Luft in Richtung Tiefdruckgebiet, d. h., bei großen Druckunterschieden kann der Wind sehr stark sein. Auf den sogenannten **Isobarenkarten** werden diese Luftdruckunterschiede graphisch dargestellt. Diese folgen dabei dem Prinzip von Höhenlinien auf Wanderkarten. Enge Isobaren (Linien, die den Luftdruck anzeigen) bedeuten eine schnelle Druckänderung. Hier ist mit starken Winden zu rechnen. Liegen die Isobaren weit auseinander, kann man mit lauem und mäßigem Wind rechnen.

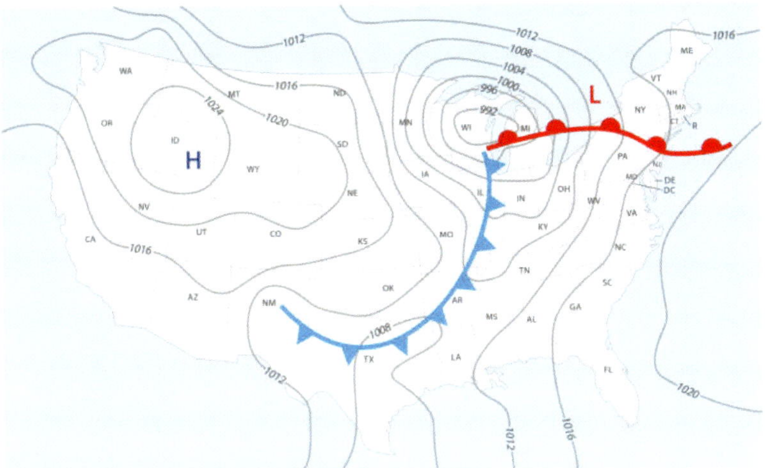

Ist man mit dem Boot unterwegs, kann man den Luftdruck mit dem eigenen Barometer messen. Dabei wird dieser in der Einheit Hektopascal (hPa) angegeben. In den mäßigen Breiten herrschen Luftdrücke im Bereich von 975 bis 1030 hPa.

Mögliche Prüfungsfragen:

1. Welche Faktoren sind hauptsächlich für das Wetter verantwortlich und ausschlaggebend? (B71)
2. Mit welchen Entwicklungen des Wetters ist zu rechnen, wenn der Luftdruck stetig abfällt? (B219)
3. Was bedeuten die in Wetterkarten abgebildeten Isobaren? (B264)
4. Mit welchen Entwicklungen des Wetters ist zu rechnen, wenn der Luftdruck stetig steigt? (B220)

Gezeiten und Wassertiefen

Bewegt man sich mit Fahrzeugen auf Seewasserstraßen, ist es wichtig, zu wissen, wie Gezeiten funktionieren und zu welcher Zeit an welchem Ort Hoch- oder Niedrigwasser (Flut und Ebbe) herrscht.

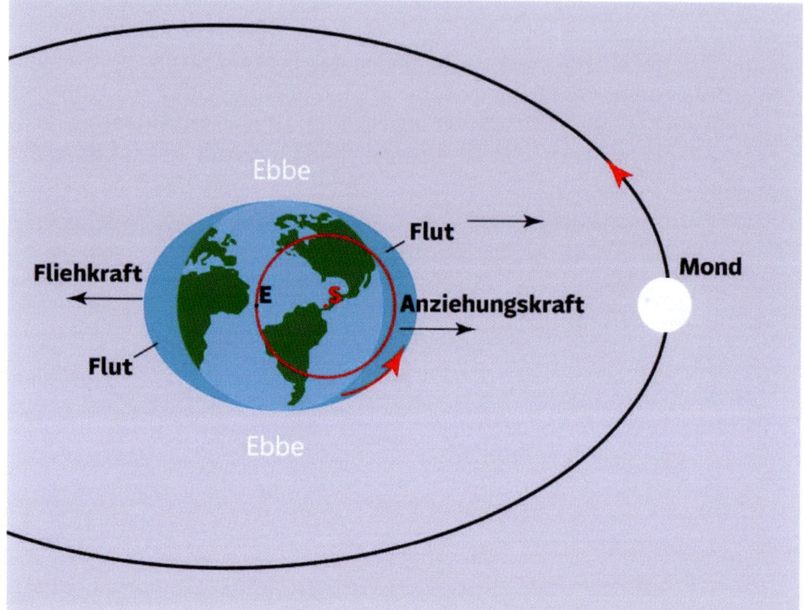

Verantwortlich für die Gezeiten ist der Mond, der auf die Erde eine Anziehungskraft ausübt. Durch die Massenanziehung neigen sich die Wassermassen in Richtung Mond, d. h., auf der Mond zugewandten Seite entsteht ein Überschuss an Wasser. Durch die Erdrotation wirkt diese Anziehungskraft nicht immer auf die gleiche Seite der Erde. Die Erde dreht sich an einem Tag einmal um sich selbst, d. h., es gibt für alle Orte auf der Erde einmal am Tag Hoch- und einmal am Tag Niedrigwasser. Das stimmt aber nicht ganz, denn Hoch- und Niedrigwasser wechseln sich alle ca. sechs Stunden ab. Grund dafür ist, dass auf der gegenüberliegenden Seite der Erde ebenfalls ein sogenanntes Fliehkrafthochwasser entsteht. Dabei ist das Hochwasser durch die Massenanziehungskraft des Mondes etwas höher als das Fliehkrafthochwasser.

Dabei bleibt die Zeit der Gezeiten nicht gleich, sondern diese verschiebt sich jeden Tag um ca. eine halbe Stunde nach hinten. Damit man als Schiffsführer trotzdem weiß, wann in welchem Gebiet Hochwasser herrscht, hat das Bundesamt für Seeschifffahrt und Hydrographie einen Gezeitenkalender entwickelt. Dieser erklärt alle Hoch- und Niedrigwasserzeitpunkte an der gesamten deutschen Nordseeküste für ein Jahr.

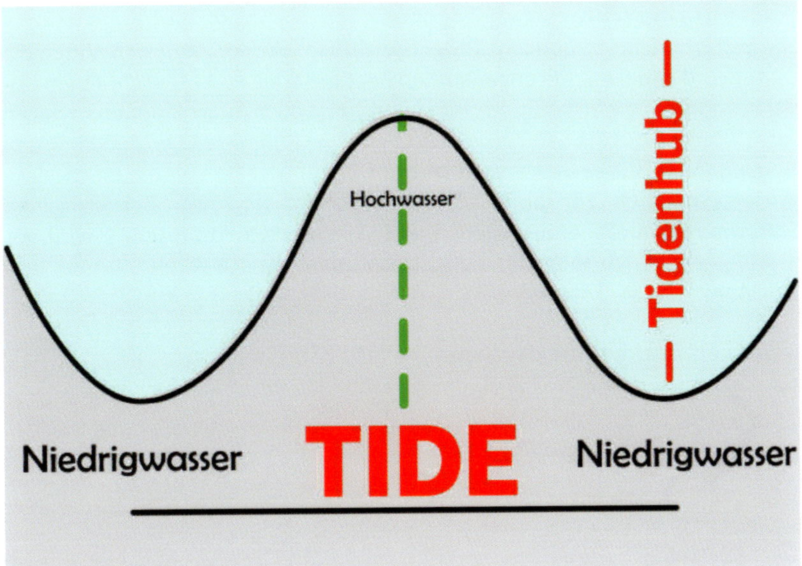

Wichtig ist auch, die Begrifflichkeiten richtig zu verwenden, denn Hochwasser ist nicht gleich Flut und Niedrigwasser ist nicht gleich Ebbe. Hochwasser beschreibt den Moment, in dem das Wasser am höchsten steht. Genauso beschreibt Niedrigwasser den Moment, in dem das Wasser am niedrigsten steht. Flut beschreibt die Zeit von einem Niedrigwasser zu einem Hochwasser (auflaufendes Wasser), Ebbe beschreibt die Zeit von einem Hochwasser zu einem Niedrigwasser (ablaufendes Wasser). Eine Tide oder eine Gezeit bezeichnet den Zeitraum zwischen einem Niedrigwasser zu dem nächstfolgenden Niedrigwasser. Als Tidenhub bezeichnet man den Höhenunterschied zwischen Niedrigwasser und Hochwasser. Daran kann gemessen werden, wie stark die Gezeiten in einem bestimmten Bereich ausgeprägt sind.

Mögliche Prüfungsfragen:

5. Wo kann man die Zeitpunkte für Hoch- und Niedrigwasser in einem bestimmten Ort nachlesen? (S255)
6. Was versteht man unter dem Begriff Flut? (S250)
7. Was versteht man unter dem Begriff Ebbe? (S249)
8. Was versteht man unter Niedrigwasser? (S252)
9. Was versteht man unter Hochwasser? (S253)
10. Was versteht man unter dem Begriff Tide? (251)

Seewetterberichte

Seewetterberichte geben eine Prognose ab, mit wie viel Wind zu rechnen ist. Dieser wird dabei mit der sogenannten Beaufortskala (1-12) beschrieben. Dabei bekommt man Angaben zur Windstärke und auch Informationen zu deren Auswirkungen auf die See. Ausgedrückt wird die Prognose in m/s und Knoten. Ab einer Windstärke von 5 wird laut der Beaufortskala von einem frischen Wind gesprochen. Für die Windstärken 6 und 7 wird nach der Skala eine Starkwindwarnung herausgegeben. Bei Windstärken von 8 und 9 wird vor Sturm gewarnt. Ab Windstärke 10 spricht man von schweren Stürmen und Orkanen.

In Seewetterkarten wird das Ganze wie folgt dargestellt:

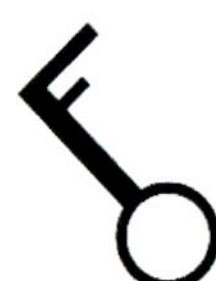

Dieses pfeilartige Gebilde gibt drei unterschiedliche Informationen zum Wetter preis. Die Richtung des längsten Striches gibt an, aus welcher Richtung der Wind kommt. Der Kreis beschreibt durch seine Füllung die Bewölkung. In diesem Fall wäre der Himmel wolkenlos. Bei halber Füllung wäre der Himmel zu 50 % bewölkt. Die Fahnen am Ende des Pfeils geben die Windstärke an. In diesem Fall sind eine Fahne und eine halbe Fahne dargestellt, das entspricht einer Windstärke von 3 Bft.

Mögliche Prüfungsfragen:

11. Welche Informationen werden durch die Beaufortskala zur Verfügung gestellt? (S261)
12. Was ist in Wetterberichten unter Frischwind zu verstehen? (S269)
13. Ab welchen Windstärken wird eine Sturmwarnung herausgegeben? (S268)

Seegang

Der Seegang wird durch die folgenden Faktoren bestimmt:

- Die Windstärke
- Die Wirkstrecke des Windes
- Den Strom, verursacht hauptsächlich durch die Gezeiten

Der Seegang, also der Effekt des Windes auf das Wasser, ist abhängig von der Wirkstrecke, die der Wind auf das Wasser hatte. In der Nähe des Ufers hat der Wind beispielsweise eine recht geringe Wirkstrecke auf das Wasser. Hier ist daher weniger mit unruhiger See zu rechnen. Weiter draußen auf offener See gibt es eine sehr lange Wirkstrecke, daher kann der Wind einen staken Wellengang verursachen.

Mit besonders unruhiger See ist zu rechnen, wenn der Wind beispielsweise gegen die Strömung des Wassers arbeitet.
Hierbei entstehen Wellen, die gegeneinanderschlagen und schwer einzuschätzen sind. Als Seeschlag bezeichnet man es, wenn Wellen gegen das Boot schlagen. Um das schnelle Volllaufen eines Bootes bei starkem Wellengang zu verhindern, sollte man alle Türen und Luken schließen, wo Wasser eintreten könnte. Man nennt dies den Verschlusszustand.

Mögliche Prüfungsfragen zum SBF-See:

14. Warum sollte bei starkem Seegang die Fahrt vermindert werden? (S259)
15. Welche Sicherheitsmaßnahmen sollte man bei erwartetem starkem Seegang treffen? (S275)

Praktisches Wissen

Die praktische Prüfung ist in zwei unterschiedliche Teile unterteilt. Zum einen muss der Prüfling sein Können beim Knüpfen der zahlreichen Seemannsknoten unter Beweis stellen und erklären, in welchen Bereichen die Knoten zum Einsatz kommen. Zum anderen werden Manöver gefahren. Es gibt drei Pflichtmanöver beim SBF-Binnen und fünf Pflichtmanöver beim SBF-See, die gezeigt werden müssen. Aus weiteren fünf Manövern werden zudem drei Manöver ausgewählt, die vorgeführt werden müssen. Zum Üben der Manöver empfiehlt es sich, einen Kurs in einer Sportbootschule zu belegen.

Seemannsknoten

Alle Seemannsknoten oder auch Schifferknoten, die für die praktische Prüfung gelernt werden sollten, sind wichtig für den Einsatz in der Seefahrt. Es geht vor allem darum, Fahrzeuge an Anlegestellen zu befestigen, aber vor allem bei Segelschiffen geht es ebenfalls um das Befestigen und die Kontrolle der Segel. Seemannsknoten zeichnen sich vor allem dadurch aus, dass sie schnell zu knüpfen und auch wieder zu lösen sind, aber dennoch gut halten. Diese Eigenschaften sind auch dann gegeben, wenn die Knoten stark belastet werden oder nass geworden sind.

Man unterteilt die Knoten in zwei verschiedene Kategorien, die Knoten selbst und die Steks. Steks sind nur zusammen mit weiteren Gegenständen stabil, während Knoten in sich stabil sind.

Achtknoten

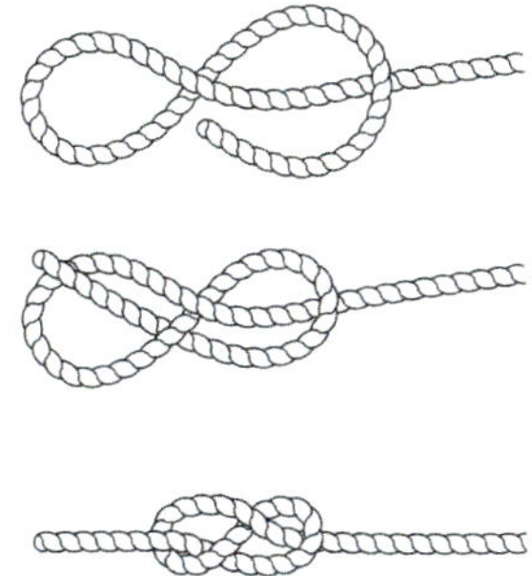

Der Achtknoten, auch „Achterknoten", wird dazu verwendet, das sogenannte Ausrauschen eines Seiles zu verhindern. In der Schifffahrt werden Seile oft durch Ösen gezogen. Das Ausrauschen bedeutet, dass das Seil aus der Öse rutscht und wieder mühsam eingefädelt werden muss. Um das zu verhindern, wird am Ende des Seiles ein Achterknoten gesetzt. Durch diesen Knoten passt das Seil nicht mehr durch die Öse und das Ausrauschen wird verhindert. Daher wird dieser Knoten auch als Stoppknoten bezeichnet. Auch nach starker Belastung kann dieser Knoten wieder leicht gelöst werden. Immer, wenn also das unkontrollierte Durchrutschen eines Seiles durch eine Öse oder Ähnliches verhindert werden soll, wird am Ende des Seiles der Achterknoten gesetzt. Der Name des Achterknotens wurde ihm aufgrund seiner Form verliehen.

Anleitung

Der Achterknoten gehört zu den leicht zu knüpfenden Seemannsknoten. Im Folgenden finden Sie die Anleitung:

- Das Seil wird zu einer Schlaufe gelegt. Dabei verläuft das freie Ende unterhalb des befestigten Endes durch.
- Das freie Seilende wird einmal um das feste Seilende geführt.
- Um den Knoten fertigzustellen, wird nun das freie Ende von oben in die gelegte Schlaufe hindurchgeführt. Eine deutliche Acht ist nun zu erkennen.
- Durch das Ziehen beider Seilenden wird der Achterknoten festgezogen.

Palstek

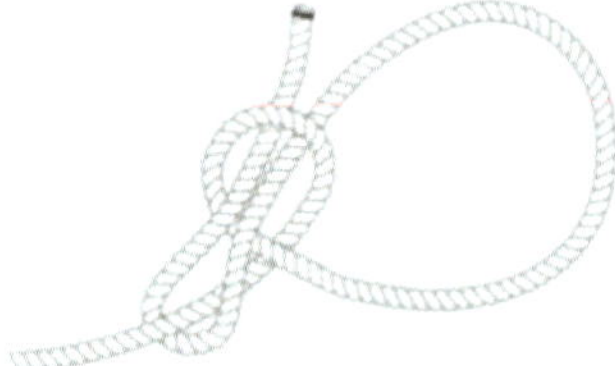

Etwas schwieriger zu knüpfen als der Achterknoten ist der Palstek. Mit diesem kann eine Schlaufe erzeugt werden, die sich auch bei wechselnder Belastung nicht zuzieht und sich generell nicht in der Größe verändert. Die erzeugte Schlaufe des Palsteks kann dazu genutzt werden, ein Boot an einem Poller zu befestigen, indem man einfach die Schlaufe über den Poller wirft. Daher wird der Konten auch als Festmachknoten bezeichnet. Er kann ebenfalls leicht wieder von dem Poller abgenommen werden, da er sich nicht zuzieht.

Anleitung

- Im Folgenden finden Sie die Anleitung, wie der Palstek gesteckt wird:
- Mit dem freien Ende wird eine kleine Schlaufe gelegt. Dabei verläuft das freie Ende über dem befestigten Ende des Seiles.
- Das freie Ende wird von unten durch die kleine Schlaufe geführt. Dadurch entsteht die eigentliche Schlaufe des Palsteks.
- Danach wird das freie Ende weiter einmal um das befestigte Ende geführt.
- Von oben wird das freie Ende erneut durch die kleine Schlaufe gesteckt und der Knoten wird festgezogen.

Webleinstek (auch Webeleinstek genannt)

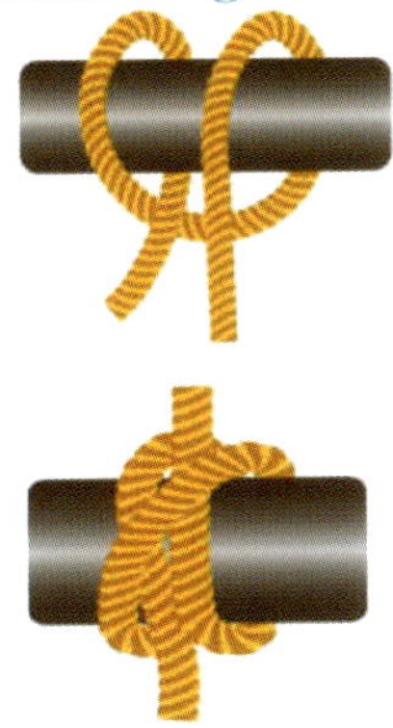

Der Name des Webleinsteks stammt aus dem Schiffsbau. Webleinen sind Leinen, die zwischen die Wanten (Seile zur Verspannung von Masten) eines Schiffes gespannt wurden, um beispielsweise den Mast zu entern. Dieser Seemannsknoten wird hauptsächlich verwendet, um Seile an festen Gegenständen zu befestigen. Oft wird er auch verwendet, um Fender an der Reling zu befestigen. Daher wird der Webleinstek auch als Fenderknoten oder Fenderstek bezeichnet.

Anleitung

Im Folgenden finden Sie die Anleitung, wie der Webleinstek gesteckt wird:

- Das lose Ende des Seiles wird von vorne nach hinten einmal um die Reling gelegt.
- Unter der Reling wird das Seil gekreuzt und ein zweites Mal um die Reling gelegt.
- Das lose Ende des Seiles wird dann einmal durch die Überkreuzung geschoben und festgezogen.

Webleinstek auf Slip

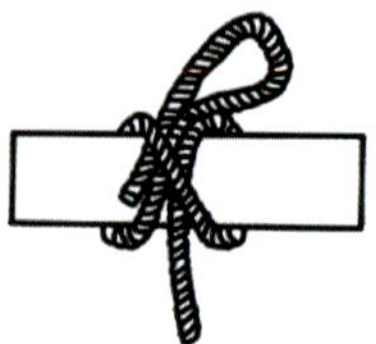

Dieser Seemannsknoten unterscheidet sich kaum vom klassischen Webleinstek. Der Webleinstek auf Slip wird hauptsächlich verwendet, um Seile an festen Gegenständen zu befestigen. Oft wird er auch verwendet, um Fender an der Reling zu befestigen. Daher wird der Webleinstek auch als Fenderknoten bezeichnet.

Auf Slip bedeutet, dass das Seilende am Ende des Knotens nicht ganz durchgezogen wird, sondern eine Schlaufe bildet. Vorteil hierbei ist, dass der Knoten besonders schnell wieder gelöst werden kann.

Anleitung

Im Folgenden finden Sie die Anleitung, wie der Webleinstek auf Slip gesteckt wird:

- Das lose Ende des Seiles wird von vorne nach hinten einmal um die Reling gelegt.
- Unter der Reling wird das Seil gekreuzt und ein zweites Mal um die Reling gelegt.
- Das lose Ende des Seiles wird dann einmal durch die Überkreuzung geschoben.
- Statt das lose Ende festzuziehen, wird nun eine Schlaufe gelegt und das Ende wieder durch die Überkreuzung gesteckt. So kann der Knoten im Notfall sehr schnell gelöst werden.

Stopperstek

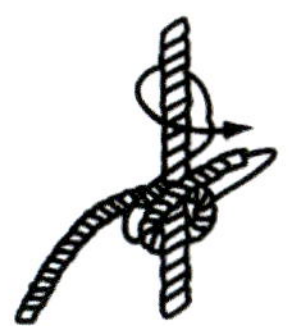

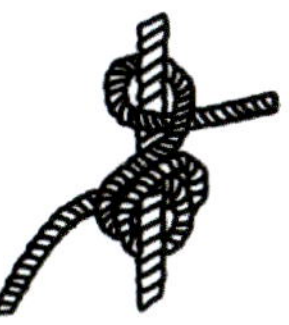

Der Stopperstek gehört in die Kategorie der Klemmknoten. Der Stopperstek wird immer dann verwendet, wenn zwei Seile mit unterschiedlichen Dicken oder eine dünne Leine und eine Kette miteinander verbunden werden müssen. Der Stopperstek erzielt in Zugrichtung eine stoppende Wirkung und kann in die entgegengesetzte Richtung verschoben werden. Das Schöne am Stopperstek: Wirkt eine Kraft auf den Knoten, zieht sich der Knoten zu. Lässt die Kraft jedoch nach, lockert sich der Stopperstek wieder genauso leicht. Außerdem kann er variabel entlang des Seiles verschoben werden. Wird eine seitliche Belastung auf den Stopperstek ausgeübt, blockiert er in diese Richtung und lässt sich in die gegenläufige Richtung verschieben. In der Seefahrt wird der Stopperstek vor allem beim Abschleppen von Fahrzeugen eingesetzt.

Anleitung

Der Stopperstek unterscheidet sich nur leicht vom Webleinstek, hat aber ganz andere Eigenschaften als dieser. Im Folgenden finden Sie die Anleitung zum Stopperstek:

- Das dünnere Seil wird mit dem freien Seilende von vorne nach hinten zweimal um das dickere Seil gelegt.
- Bei der dritten Umrundung des dickeren Seils wird das Ende unter der eigenen Windung durchgesteckt.
- Am freien Ende wird der Knoten festgezogen. Der Knoten blockiert in Richtung der zwei Umrundungen (Zugrichtung). Entgegen der Zugrichtung lässt er sich verschieben.
- Der Halt des Stoppersteks kann erhöht werden, indem die Zahl der Umrundungen des dickeren Seils erhöht wird.

1 1/2 Rundtörn mit zwei halben Schlägen

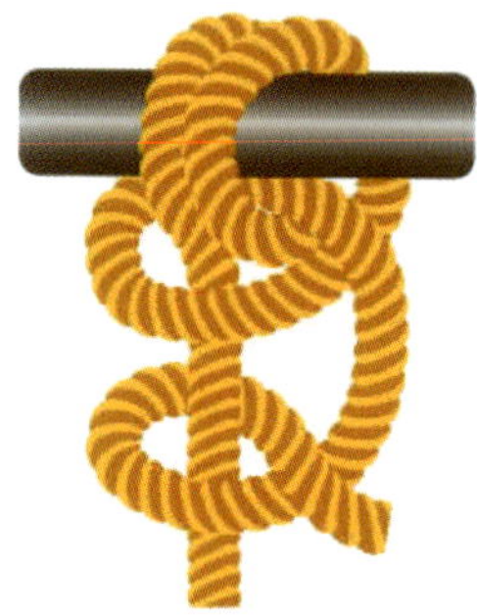

Auch dieser Seemannsknoten gehört zu der Kategorie der Steks. Der 1 1/2 Rundtörn mit zwei halben Schlägen wird, wie alle Steks, hauptsächlich verwendet, um Seile an festen Gegenständen zu befestigen. Er wird für Festmacher und Ankerleine verwendet sowie zum Überhängen von Fendern oder zum Vertäuen eines Bootes. Er ist gut geeignet für wechselnden Zug aus verschiedenen Richtungen und zum kurzzeitigen Festmachen.

Anleitung

Im Folgenden finden Sie die Anleitung zum 1 1/2 Rundtörn mit zwei halben Schlägen:

- Das Seil wird von vorne nach hinten zweimal um die Reling gelegt.
- Das lose Seilende wird dann ebenfalls zweimal um das feste Ende geschwungen, an der Stelle, vor der es um die Reling gelegt wurde.

Kreuzknoten

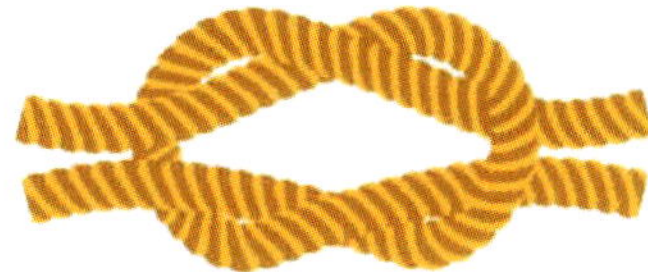

Der Kreuzknoten sollte eigentlich jedem bekannt sein, da dieser auch in alltäglichen Situationen zum Einsatz kommt. Es handelt sich bei dem Kreuzknoten um zwei halbe Knoten mit entgegengesetzter Orientierung. Häufig wird dieser Knoten beim Reffen (Verkleinern der Segelfläche) und Verschnüren der Segeltücher eingesetzt. Zum Verbinden von zwei Seilen eignet sich der Knoten allerdings nur bedingt, da dadurch die Belastbarkeit des Kreuzknotens sinkt.

Anleitung

Im Folgenden finden Sie die Anleitung zum Kreuzknoten:

- Die Enden zweier unterschiedlicher Seile werden gekreuzt.
- Nach der Kreuzung wird mit beiden Enden jeweils eine Schlaufe gelegt.
- Die Enden des jeweils anderen Seiles werden durch die entgegengesetzten Schlaufen gesteckt.

Einfacher Schotstek

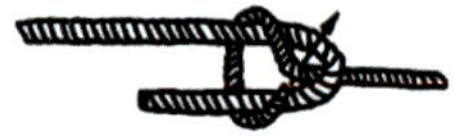

Der Schotstek gehört, wie der Name schon sagt, ebenfalls zur Kategorie der Steks. Der Schotstek wird ebenfalls zum Verbinden zweier Seile eingesetzt. Besonders, wenn die Seile eine unterschiedliche Steifigkeit aufweisen, ist der Schotstek der Knoten der Wahl. Wichtig ist, dass immer das dickere oder steifere Seil genutzt wird, um die Bucht zu legen, damit das dünnere Seil durch das festere bekneift wird (nicht nachgeben kann).

Anleitung

Im Folgenden finden Sie die Anleitung zum Schotstek:

- Mit dem dickeren oder festeren Seil wird eine Bucht gelegt.
- Das dünnere Seil wird in der Spitze von unten durch die Bucht des dickeren Seils geführt.
- Anschließend wird das dünne Seil einmal außen um das dicke Seil herumgeführt.
- Das dünne Seil wird zum Abschluss unter sich selbst, aber über die Bucht geführt.
- Zum Festziehen werden alle vier Enden gleichzeitig gezogen.

Doppelter Schotstek

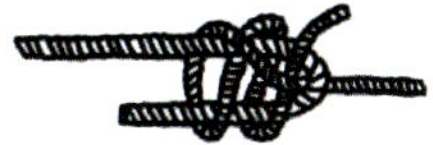

Der doppelte Schotstek ist, wie der Name schon sagt, eine Erweiterung des einfachen Schotsteks. Im Vergleich zu diesem ist der doppelte Schotstek fester und zuverlässiger. Die Funktion bleibt gleich: Der doppelte Schotstek wird ebenfalls zum Verbinden zweier Seile eingesetzt. Besonders, wenn die Seile eine unterschiedliche Steifigkeit aufweisen, ist der doppelte Schotstek der Knoten der Wahl.

Anleitung

Im Folgenden finden Sie die Anleitung zum doppelten Schotstek:

- Mit dem dickeren oder festeren Seil wird eine Bucht gelegt.
- Das dünnere Seil wird in der Spitze von unten durch die Bucht des dickeren Seils geführt.
- Anschließend wird das dünne Seil einmal außen um das dicke Seil herumgeführt.
- Das dünne Seil wird unter sich selbst durchgeführt und umrundet dann noch einmal das dickere Seil.
- Das dünne Seil wird zum Abschluss unter sich selbst, aber über die Bucht geführt.
- Zum Festziehen werden alle vier Enden gleichzeitig gezogen.

Belegen einer Klampe mit Kopfschlag

Das Festmachen von Tauen an entsprechenden Vorrichtungen wird in der Schifffahrt als Belegen einer Klampe bezeichnet. Häufig werden auch Flaggenleinen an Klampen befestigt. Damit eine Klampe richtig belegt wird, muss die Leine der Zugrichtung entgegengesetzt um die Klampe geführt werden. Dann wird die Leine zwei- bis viermal gekreuzt um die Klampe gelegt.

Anleitung

Im Folgenden finden Sie die Anleitung zum Belegen einer Klampe mit Kopfschlag:

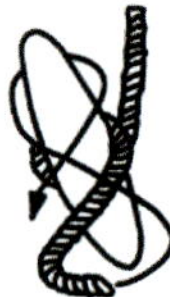

Zunächst wird ein halber Schlag um den Fuß der Klampe gelegt. Die Zugrichtung muss beachtet werden, da entgegen der Zugrichtung um die Klampe gekreuzt wird.

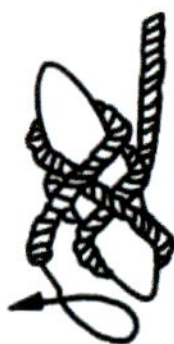

Nun wird die Leine nach oben geführt und dort einmal mit einem halben Schlag um das Horn der Klampe gelegt.

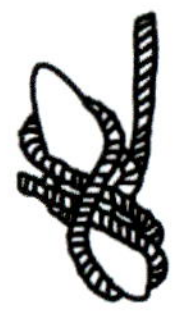

Das lose Ende wird dann zu einer Schlaufe gelegt und erneut um das andere Horn der Klampe geschlagen.
Es darf zwei- bis viermal gekreuzt werden.

Manöver in der praktischen Prüfung

Der zweite Teil der praktischen Prüfung absolviert man dann tatsächlich auf dem Sportboot. Er besteht darin, bestimmte Manöver vorzuführen. Dabei gibt es drei Pflichtmanöver beim SBF-Binnen und fünf Pflichtmanöver beim SBF-See, die gezeigt werden müssen. Aus weiteren fünf Manövern werden zudem drei weitere Manöver ausgewählt, die vorgeführt werden müssen. Man hat bei der Prüfung zwei Versuche, um die entsprechenden Manöver zu bestehen. Zum Üben der Manöver empfiehlt es sich, einen Kurs in einer Sportbootschule zu belegen. Im Folgenden erfahren Sie, auf was bei der praktischen Prüfung geachtet werden muss:

Die Pflichtmanöver des SBF-Binnen

Diese Manöver müssen in jedem Fall bei der praktischen Prüfung gezeigt werden. Ausnahme ist, falls Sie bereits den SBF-See absolviert haben. Dann müssen diese Manöver nicht erneut gezeigt werden.

Ablegen vom Steg

Das Ablegen vom Steg ist in der Regel das erste Manöver, welches gezeigt werden soll. „Eindampfen in die Achterspring“ ist das einfachste Ablegemanöver und wird dann durchgeführt, wenn das Boot quer am Steg festgemacht ist. Dazu wird eine Person an die Vorleine und eine Person an die Achterleine geschickt. Der Schiffsführer (Prüfling) bedient das Ruder. Wichtig bei der praktischen Prüfung sind klare Kommandos. Das Manöver beginnt mit dem Kommando: „Klar zum Eindampfen in die Achterspring!“ Nun sollten Kommandos gegeben werden, dass alle Leinen bis auf die Achterspring gelöst werden. Das Boot dreht sich automatisch mit dem Heck seitlich gegen den Steg. Zuvor sollte an dieser Stelle ein Fender befestigt werden, damit das Boot nicht beschädigt wird. Hat der Rumpf weit genug gedreht, um nach vorne abzulegen (evtl. muss mit dem Rückgas etwas nachgeholfen werden), kommt das Kommando „Achterspring los!“ und auch die letzte Leine zum Steg wird gelöst.

Anlegen am Steg

Das Anlegen am Steg ist ein sehr wichtiges Manöver, welches alle Bootsführerscheinbesitzer im Alltag begleiten wird. Jeder möchte sein Boot sicher in den Hafen bringen, ohne dabei sein eigenes Fahrzeug oder andere zu beschädigen.

Wenn möglich, ist es immer leichter, gegen die Strömung zu fahren und seitlich an einem Steg anzulegen. Das verhindert, dass man zu schnell an einen Steg herangefahren kommt oder gar an ihm vorbeifährt. Der Winkel der Anfahrt hängt von dem vorhandenen Platz ab. Ist der Platz frei, sollte man in einem spitzen Winkel an den Steg fahren. Ist der Platz durch andere Boote begrenzt, eignet sich am besten ein Winkel von 60°. Es hilft sehr, während der Anfahrt eine Peillinie zum Ufer zu bilden, welcher gefolgt wird. Die Crew wird mit dem Kommando „Bereit zum Anlegen!“ auf das Kommende vorbereitet. Am Steg angekommen, geht mindestens ein Crewmitglied über Bord und sichert das Boot mit Leinen, zuerst die hinteren Leinen und dann jene vorne. Wenn alles sitzt, kann ausgekuppelt werden. Kommandos wie „Vorleine über!“ und „Achterleine über!“ sollten gegeben werden.

Rettungsmanöver (Boje über Bord)

Das Rettungsmanöver ist das komplexeste der drei Pflichtmanöver des SBF-Binnen.

Eine Boje wird an Steuerbord oder Backbord über Bord geworfen. Wird dies bemerkt, muss der folgende Satz gerufen werden, damit jeder Bescheid weiß: „Boje über Board an Backbord, Rettungsmittel ausbringen, Mann in Ausguck!“ Ganz wichtig bei diesem Manöver ist es, ruhig zu bleiben. Das Erste, was getan werden muss, ist, das Boot auszukuppeln: „Ruder hart Backbord“ oder „Ruder hart Steuerbord“, je nachdem, an welcher Stelle die Boje über Bord gegangen ist. Damit dreht sich das Heck weg von dem Überbordgegangenen. Das ist ganz wichtig, damit dieser nicht von dem Boot überfahren wird.

Nun soll die Rettung eingeleitet werden. Dazu wird in einiger Entfernung ggf. ein Kreis gefahren. Anschließend wird zurückgedreht, die Fahrt wird verringert und es wird langsam auf die Boje zugehalten. Dann wird an der Boje aufgestoppt (s. Manöver Aufstoppen). Wichtig ist, dass angesagt wird, an welcher Seite die Boje aufgenommen wird: „Nehmt die Boje an Steuerbord/Backbord auf!“ Die Aufnahme der Boje erfolgt immer gegen den Wind und die Wellen.

Die Wahlmanöver des SBF-Binnen

Aus diesen fünf Wahlmanövern werden beim SBF-Binnen drei vom Prüfer ausgewählt, die der Prüfling in seiner Prüfung zeigen muss. Dafür stehen genau wie bei den Pflichtmanövern zwei Versuche zur Verfügung.

Kursgerechtes Aufstoppen

Bei dem kursgerechten Aufstoppen geht es darum, das Fahrzeug anzuhalten, ohne dabei den aktuellen Kurs zu verändern. Auf Gewässern ohne Strömung stellt dieses Manöver kein großes Problem dar. Man fährt auf einen Gegenstand zu und mit kurzen Rückwärtsschüben wird das Boot abgebremst, ohne dass dieses anfängt, sich zu drehen. Bevor das Boot rückwärtsfährt, wird der Leerlauf eingelegt.

Wenden auf engem Raum

Das Wenden auf engem Raum wird in der Praxis z. B. in engeren Häfen häufiger benötigt.

Das Manöver wird gestartet, indem das Boot steht. Man schaut sich zunächst um, ob der Platz frei ist zum Wenden. Das Ruder wird auf Anschlag zu der entsprechenden Seite gestellt, erst dann wird Gas gegeben. Mit kurzen Schüben wird das Boot vorangetrieben und das Boot beginnt, sich auf der Stelle zu drehen. Man sollte darauf achten, dass das Boot dennoch keine Fahrt aufnimmt. Bei der Wende ist das nicht gewünscht. Ist das der Fall, sollte der Rückwärtsgang eingelegt werden. Nimmt das Boot in diese Richtung Fahrt auf, ist wiederum der Vorwärtsgang einzulegen und kurze Schübe sind zu geben. Dieser Vorgang wird so lange wiederholt, bis sich das Boot in die gewünschte Richtung gewendet hat.

Fahren nach Schifffahrtszeichen

Beim Fahren nach Schifffahrtszeichen wird eine Strecke gewählt, die einige der Schilder enthält. Hier wird geprüft, ob sich der Prüfling bei allen Schifffahrtszeichen korrekt verhält.

Anlegen eines Sicherheitsgurtes oder einer Rettungsweste

Das Anlegen einer Rettungsweste oder des Lifebelts beim Segeln ist eine wichtige Fähigkeit, die jedes Crewmitglied, aber besonders der Schiffsführer beherrschen sollte. Es gibt zwei unterschiedliche Rettungswesten, deren Anlegen bekannt sein sollte: die Automatikweste und die Feststoffweste. Wichtig ist hier, dass die Gurte korrekt geführt und verschnallt und richtig festgezogen werden.

Der Lifebelt soll verhindern, dass Personen über Bord gehen. Dieser wird mit der roten Seite am Körper anliegend angelegt. Die Größe muss ebenfalls eingestellt und alles muss festgezogen werden.

Manöverschallsignale hupen

Bei diesem Manöver werden Schallsignale in Form von Manöversignalen abgefragt und müssen mit der Hupe oder dem Horn vorgeführt werden.

Zusätzliche Pflichtmanöver des SBF-See

Während sich die fünf Wahlmanöver des SBF-Binnen und SBF-See nicht unterscheiden, gibt es neben den drei Pflichtmanövern Anlegen am Steg, Ablegen vom Steg und dem Rettungsmanöver für den SBF-See zwei ergänzende Pflichtmanöver. Dazu gehört das Fahren nach Kompass und die einfache oder Kreuz-Peilung.

Fahren nach Kompass

Das Fahren nach Kompass ist eine der leichteren Manöver bei der praktischen Prüfung des SBF-See. Hierbei wird vom Prüfer ein Kurs vorgegeben, der nur mithilfe eines Kompasses nachgefahren werden muss.

Der Kurs sollte nur dann gefahren werden, wenn das möglich ist, ohne die Crew und das Boot zu gefährden. Sollte das nicht der Fall sein, muss der Prüfer informiert werden, der dann einen neuen Kurs vorgibt.

Einfache Peilung oder Kreuz-Peilung

Mithilfe der Peilung können einfach Kurse und Entfernungen anderer Fahrzeuge bestimmt werden. Mit der Kreuz-Peilung hingegen wird der eigene Standort ermittelt. Dieses Manöver muss mithilfe einer Seekarte vorgeführt werden. Es wird zunächst ein in der Seekarte eingetragenes Objekt angepeilt. Nun wird die sogenannte Standlinie eingezeichnet. Ein zweites Objekt sollte ca. 90° zum ersten Objekt angepeilt werden. Eine weitere Standlinie zu diesem Objekt wird eingezeichnet. Der Schnittpunkt der beiden Standlinien sollte so den eigenen Standort ergeben.

Ahoi!

Ich hoffe sehr, das Buch hat Ihnen viel Lust auf große Abenteuer mit Ihrem Sportboot gemacht und Sie gut auf alle Prüfungsteile vorbereitet. Zudem diente Ihnen dieser Ratgeber zusätzlich als Entscheidungshilfe, um zu erkennen, welcher Bootsführerschein für Sie der richtige ist. Damit beschließe ich dieses Buch mit einem Zitat von Mark Twain (1835-1910):

„In 20 Jahren wirst du mehr enttäuscht sein über die Dinge, die du nicht getan hast, als über die Dinge, die du getan hast. Also löse die Knoten, laufe aus dem sicheren Hafen aus und erfasse mit deinen Segeln die Passatwinde. Erforsche. Träume."

Mark Twain

(* 30. November 1835 - † 21.04.1910, Samuel Langhorne Clemens, besser bekannt als Mark Twain, US-amerikanischer Erzähler und Satiriker)

Ich wünsche viel Erfolg bei den Prüfungen und immer eine sichere Fahrt auf dem Wasser, Ahoi!

Anhang

ANTWORTEN DER PRÜFUNGSFRAGEN

Regelungen zum Verkehrsrecht

1. Die allgemeine Sorgfaltspflicht umfasst die Vermeidung
- der Gefährdung von Menschen und Leben.
- der Beschädigung von anderen Fahrzeugen, Ufern oder Anlagen.
- Der Behinderung der Schifffahrt.
- der Beeinträchtigung und Schädigung der Umwelt.

2. Bei drohender Gefahr darf von der Binnenschifffahrtsstraßen-Ordnung und deren Regeln abgewichen werden.
3. Hinweise zu Grenzen der einzelnen Binnenschifffahrtsstraßen findet man im zweiten Teil der Binnenschifffahrtsstraßen-Ordnung.
4. Über die geltenden Vorschriften auf unbekannten Gewässern muss man sich informieren, um diese auch einhalten zu können.
5. Man kann Informationen zu geltenden Höchstgeschwindigkeiten auf Gewässern in der Binnenschifffahrtsstraßen-Ordnung nachlesen oder bei der Wasserstraßen- und Schifffahrtsverwaltung (WSV) sowie der Wasserschutzpolizei erfragen.
6. Informationen zu Verkehrsbeschränkungen auf Binnenschifffahrtsstraßen können unter www.elwis.de (siehe QR-Code weiter oben) abgefragt werden oder bei der Wasserstraßen- und Schifffahrtsverwaltung (WSV) sowie der Wasserschutzpolizei erfragt werden.
7. Man erhält Verkehrsregeln für Binnenschifffahrtsstraßen und den Rhein aus der Binnenschifffahrtsstraßen-Ordnung oder der Rheinschifffahrtspolizeiverordnung.
8. Beim Befahren von Landes- oder privaten Gewässern muss ggf. eine Genehmigung eingeholt werden und es sind die geltenden Befahrensordnungen zu beachten.
9. Die seemännische Sorgfaltspflicht beinhaltet, dass sich der Schiffsführer über die geschriebenen Verkehrsvorschriften hinaus verpflichtet, Vorsichtsmaßregeln zu beachten, die nach Seemannsbrauch gelten oder besondere Umstände und Situationen erfordern.
10. Die KVR (Kollisionsverhütungsregel) gilt auf Hoher See und mit dieser zusammenhängenden Gewässer, die von Seeschiffen befahren werden.
11. Es gilt immer die spezifischere Vorschrift, also die Seeschifffahrtsstraßen-Ordnung.

Gesetzliche Grundlagen

1. Es gibt amtliche und amtlich anerkannte Kennzeichen.
2. Ein amtliches Kennzeichen kann bei allen Wasserstraßen- und Schifffahrtsämtern erworben werden.
3. Ein amtlich anerkanntes Kennzeichen kann beim Deutschen Motoryachtverband (DMYV), dem Deutschen Segler-Verband (DSV) oder dem Allgemeinen Deutschen Automobilclub (ADAC) erworben werden.
4. Es besteht aus der Nummer des internationalen Bootsscheins sowie dem Kennbuchstaben der ausstellenden Behörde.
5. Ab 10 cbm Wasserverdrängung muss das Fahrzeug in das Binnenschiffsregister eingetragen werden.
6. Der vom durchgehenden Schiffsverkehr benutzte Teil der Wasserstraße wird als Fahrwasser bezeichnet.
7. In diesem Teil der Wasserstraße werden für den durchgehenden Schiffsverkehr bestimmte Breiten und Tiefen angestrebt.
8. Die Wasserschutzpolizei oder die Wasserstraßen- und Schifffahrtsverwaltung ist zu informieren, wenn möglich, unter Angabe der Hindernisstelle.
9. In Strömungsrichtung, also von der Quelle in Richtung Mündung.
10. Die Fahrt in Richtung Quelle wird als Bergfahrt bezeichnet.
11. Rote und stumpfe Tonnen oder rote Schwimmstangen.
12. Die linke Fahrrinnenseite gekennzeichnet mit grünen und spitzen Tonnen oder Schwimmstangen.
13. Die Tonne auf der rechten Fahrrinnenseite muss an der Steuerbordseite des Schiffes passiert werden.
14. Die Fahrt, welche in der Binnenschifffahrtsstraßen-Ordnung, Teil II, als Bergfahrt festgelegt wurde.
15. Das Ankern ist in Kanälen verboten.
16. Ein allgemeines Liegeverbot gilt auf Schifffahrts- und Schleusenkanälen.

Ausweichregeln

1. Ein Schiff ist in Fahrt, wenn es nicht ankert, an Land festgemacht ist oder nicht auf Grund liegt.
2. Die Gefahr eines Zusammenstoßes besteht, wenn sich zwei Fahrzeuge bei gleichbleibender Peilung nähern.
3. Ausweichmanöver müssen rechtzeitig, entschlossen und für den Kurshalter klar erkennbar durchgeführt werden.
4. Hilfe und Beistand sollten geleistet werden, bis dies nicht mehr erforderlich ist, und ein Datenaustausch muss erfolgen.
5. Ab einer Länge von 20 m.
6. Das Kleinfahrzeug ist ausweichpflichtig.
7. Das Segelboot hält den Kurs und die Geschwindigkeit bei.

8. Wenn es mit Antriebsmaschine fährt und dementsprechend einen schwarzen Kegel mit Spitze nach unten gehisst hat.
9. Es darf ein anderes Kleinfahrzeug, welches sich entlang der Uferlinie hält, nicht zum Ausweichen zwingen oder dieses behindern.
10. Wenn zwei Segelboote mit unterschiedlichen Windseiten fahren, muss das Segelboot mit dem Wind von Backbord dem Segelboot mit dem Wind von Steuerbord ausweichen.
11. Die Luvseite ist die dem Wind zugekehrte Seite.
12. Beide Fahrzeuge müssen den aktuellen Kurs nach Steuerbord ändern.
13. Das Fahrzeug, welches das andere auf seiner Steuerbordseite hat, muss ausweichen.
14. Das Segelboot mit schwarzem Kegel muss ausweichen.
15. Ein manövrierunfähiges Fahrzeug führt zwei schwarze Bälle als Signalkörper.
16. Ein Schiff ist manövrierunfähig, wenn es durch außergewöhnliche Umstände, wie z. B. den Ausfall der Maschinenanlage, nicht einwandfrei manövrieren und somit nicht ausweichen kann.
17. Das Schiff ohne Signalkörper muss ausweichen.
18. Ein tiefgangbehindertes Fahrzeug ist mit einem schwarzen Zylinder gekennzeichnet, daher darf die sichere Durchfahrt des Fahrzeuges nicht behindert werden, man muss ausweichen.
19. Ein Schiff ist manövrierbehindert, wenn es wegen der Art seines Einsatzes nicht wie vorgeschrieben manövrieren und damit ausweichen kann.
20. Ein manövrierbehindertes Schiff ist mit diesen Signalkörpern gekennzeichnet, man muss daher ausweichen.
21. Beide Arten von Fahrzeugen müssen dem fischenden Fahrzeug ausweichen.
22. Das Maschinenfahrzeug ist ausweichpflichtig.
23. Es gelten die Regeln der KVR.
24. Es werden die Windseiten überprüft und es wird geschaut, wer sich im Luv und Lee befindet. Also wird nach KVR-Recht unterschieden, wer ausweichen muss.
25. Sie dürfen die Fahrzeuge, welche dem Fahrwasserverlauf folgen, nicht behindern.
26. Es sind bestimmte Schifffahrtswege, die durch Trennzonen in Einbahnstraßen geteilt werden.
27. Sie dürfen nur in der angegebenen Verkehrsrichtung rechts der Trennzone befahren werden.
28. Regeln zu Verkehrstrennungsgebieten findet man in der KVR.
29. Das Queren ist, wenn möglich, zu vermeiden. Muss dennoch gequert werden, soll das mit der Kielrichtung im rechten Winkel zur allgemeinen Verkehrsrichtung erfolgen.
30. Fahrzeuge, die dem Einbahnweg folgen, dürfen nicht behindert werden.

Lichter und Sichtzeichen

1. Von Sonnenuntergang bis -aufgang und bei verminderter Sicht unter 1.000 m.
2. Sie zeigt die Fahrtrichtung eines Fahrzeuges und die Lage eines Fahrzeuges an.
3. Die Seitenlichter strahlen in einem Winkel von 112,5° in Rot für Backbord und in Grün für Steuerbord.
4. Das Topplicht strahlt in 225° und das Hecklicht in 135°.
5. Das Segelboot kann mit der Dreifarbenlaterne an der Mastspitze beleuchtet werden.
6. Ein weißes Rundumlicht, welches von allen Seiten uneingeschränkt sichtbar ist.
7. Ein Kleinfahrzeug ohne Maschinenantrieb kommt entgegen, der Segler mit Maschinenantrieb muss ausweichen.
8. Ein weißes Rundumlicht muss geführt werden.
9. Ein grünes und ein rotes Seitenlicht müssen bzw. eine Zweifarbenlaterne muss zusätzlich geführt werden.
10. Es handelt sich um eine nicht freifahrende Fähre.
11. Ein Schubverband ist in Fahrt und von vorne mit drei weißen Topplichtern beleuchtet.
12. Ein Schubverband führt drei weiße Topplichter, drei weiße Hecklichter sowie ein rotes und ein grünes Seitenlicht.
13. Das Fahrzeug hat brennbare Stoffe geladen, daher einen Abstand von 10 m einhalten.
14. Das Fahrzeug hat explosive Stoffe geladen, daher einen Abstand von 100 m einhalten.
15. Ein tiefgangbehindertes Fahrzeug von 50 m und mehr in Fahrt führt drei rote Rundumlichter senkrecht übereinander.
16. Das manövrierunfähige Fahrzeug in Fahrt, aber ohne Fahrt durchs Wasser.
17. Das manövrierunfähige Fahrzeug in Fahrt mit Fahrt durchs Wasser.
18. Das manövrierbehinderte Fahrzeug in Fahrt mit Fahrt durchs Wasser und 50 m und länger muss diese Lichter führen.
19. Ein fischender Trawler mit Fahrt durchs Wasser muss diese Lichter führen.
20. Der Ankerlieger über 100 m Länge führt zwei Rundumlichter und schaltet die Decksbeleuchtung ein.

Sicherheit

1. Spätestens alle zwei Jahre sollten Rettungsmittel geprüft werden.
2. Sie bilden bei Austritt in Verbindung mit Luft ein explosives Gemisch.
3. Wenn möglich, sollten Gasflaschen an Deck gelagert werden, geschützt vor Sonneneinstrahlung, in einem abgeschlossenen Raum für Gasbehälter.
4. Gasleitung und Ventile sollten geschlossen und der Innenraum sollte gelüftet werden. Außerdem sollten keine elektrischen Schalter, Funk oder Mobiltelefone benutzt werden.
5. Die Luftzufuhr muss verhindert werden, das Feuer von unten bekämpft werden und zunächst muss der Feuerlöscher gegen den Brandherd eingesetzt werden.
6. ABC-Feuerlöscher und Schaumlöscher sind für Sportboote geeignet.
7. Notsignale dürfen gegeben werden, wenn Gefahr für Leib oder Leben besteht und daher Hilfe benötigt wird.
8. Das Fahrzeug ist in Seenot.

9. Das Fahrzeug ist in Seenot.
10. Man sollte am Fahrzeug und als Gruppe zusammenbleiben.
11. Durch den Schraubenstrom und die Richtung des Propellers wird die Ruderwirkung erzielt.
12. Der Quickstopp ist die Unterbrechung des Zündkontaktes, sollte der Schiffsführer über Bord gehen.
13. Die Belüftungsschraube könnte geschlossen oder eine Kraftstoffleitung könnte verstopft sein, sodass der Motor kein Benzin mehr ziehen kann.
14. Ein geschlossenes Seeventil, ein defektes Thermostat oder Impellerpumpe, ein verstopfter Filter oder der zu niedrige Kühlwasserstand könnten mögliche Ursachen sein.
15. Der Druckschalter bzw. die Öldruckpumpe könnte defekt sein.
16. Die Lichtmaschine oder deren Regler ist defekt, wenn die Ladekontrollleuchte nicht erlischt.

Schallsignale

1. Ein kurzer Ton dauert ca. 1 Sekunde.
2. Ein langer Ton dauert 4 bis 6 Sekunden.
3. Bleiben Sie weg und verlassen Sie sofort die Gefahrenzone.
4. Ein langer Ton bedeutet „Achtung!“.
5. Mindestens sechs kurze Töne hintereinander bedeuten, dass die Gefahr eines Zusammenstoßes besteht.
6. Das Schiff ist manövrierunfähig.
7. Fünf kurze Töne bedeuten „Warnung, nicht überholen“.
8. Ein langer Ton gefolgt von einem kurzen Ton bedeuten „Wende über Steuerbord“.
9. Zwei lange Töne gefolgt von zwei kurzen Tönen bedeuten „Überholen an der Backbordseite“ des Vorausfahrenden.
10. Die Seeschifffahrtsstraße wird gesperrt, weiterfahren verboten.
11. Ein Fahrzeug des öffentlichen Dienstes fordert Sie zum Anhalten auf.
12. Ein langer Ton gefolgt von vier kurzen Tönen und das Ganze zweimal.
13. Wenn das Schiff ein anderes gefährdet oder durch dieses selbst gefährdet wird, ist das allgemeine Warnsignal abzugeben.
14. Ein langer Ton sollte abgegeben werden.
15. Dieses Signal wird von einem Maschinenfahrzeug, das Fahrt durchs Wasser macht, gegeben.
16. Ein Segelboot muss einen langen Ton gefolgt von zwei kurzen Tönen alle zwei Minuten abgeben.
17. Ein manövrierunfähiges Fahrzeug in Fahrt, ein manövrierbehindertes Fahrzeug in Fahrt und vor Anker, ein tiefgangbehindertes Fahrzeug in Fahrt, ein schleppendes oder schiebendes Fahrzeug in Fahrt, ein Segelboot in Fahrt und ein fischendes Fahrzeug in Fahrt oder vor Anker geben dieses Schallsignal bei verminderter Sicht ab.
18. Ein ankerndes Schiff unter 100 m Länge.
19. Ein ankerndes Schiff über 100 m Länge.

20. Ein kurzer Ton gefolgt von einem langen Ton und wieder einem kurzen Ton warnt vor Ankerliegern jeglicher Art.

Brücken, Schleusen und Sperrwerke

1. Brücke, Schleuse oder Sperrwerk ist momentan geschlossen.
2. Brücke, Schleuse oder Sperrwerk ist dauerhaft gesperrt.
3. Die Durchfahrt ist erlaubt und für den Gegenverkehr gesperrt.
4. Das letzte Kleinfahrzeug muss so weit einfahren, dass es beim Sinken des Wasserstandes nicht auf dem Drempel aufsetzt, und die Leinen sind so zu befestigen, dass Stöße gegen andere Schiffe oder die Schleusenwände vermieden werden.
5. Autoreifen schwimmen nicht auf der Wasseroberfläche und könnten im ungünstigsten Fall die Schleusenarbeit stören und blockieren.
6. Fahrzeuge dürfen zuerst einfahren, Kleinfahrzeuge dürfen erst nach Aufforderung der Schleusenaufsicht einfahren.
7. Die Durchfahrt der Brücke wird an dieser Stelle empfohlen, mit Gegenverkehr ist nicht zu rechnen.
8. Die Durchfahrt der Brücke wird an dieser Stelle empfohlen, mit Gegenverkehr muss gerechnet werden.

Schiffsführung

1. Der Fahrzeugführer muss vor Fahrtantritt bestimmt werden.
2. Er muss ein Mindestalter von 16 Jahren haben.
3. Bei fehlender Tauglichkeit oder Zuverlässigkeit kann der SBF-Binnen entzogen werden.
4. Bei körperlichen oder geistigen Mängeln oder bei einer Blutalkoholkonzentration von 0,5 Promille oder mehr darf kein Sportboot geführt werden.
5. Die Person muss ein Mindestalter von 16 Jahren aufweisen und körperlich, geistig und fachlich geeignet sein.
6. Er muss alle Anweisungen empfangen und geben können, eine freie Sicht haben und Schallzeichen wahrnehmen können.
7. Die Besatzungsmitglieder müssen durch den Fahrzeugführer über Sicherheitsvorkehrungen an Bord unterrichtet werden, eine Einweisung in die Handhabung der Rettungs- und Löschmittel bekommen und auf geeignete Maßnahmen gegen das Überbordfallen ist hinzuweisen.
8. Eine schwarz-gelb karierte Flagge bedeutet „Anhalten".
9. Sportboote ohne Antriebsmaschine oder solche mit einer Nutzleistung von 11,03 kW (15 PS) oder weniger.
10. Sportboote ohne Antriebsmaschine und Sportboote, deren Antriebsmaschine eine Leistung von 11,03 kW (15 PS) nicht überschreitet, sind von der Führerscheinpflicht ausgenommen.
11. Bei körperlichen oder geistigen Mängeln oder bei einer Blutalkoholkonzentration von 0,5 Promille oder mehr darf kein Sportboot geführt werden.

12. Der Fahrzeugführer ist für die Einhaltung der Verkehrsregeln verantwortlich.
13. Die Schifffahrtspolizeibehörde muss informiert werden und die Position muss, wenn möglich, angegeben werden.
14. Der Schiffsführer ist verpflichtet, die von der Verkehrszentrale gegebenen Informationen zum Schiffsverkehr abzuhören und zu berücksichtigen.

Umweltrecht

1. Naturschutzgebiete und ihre Grenzen sind in allen Seekarten und Sportschifffahrtskarten des Bundesamtes für Seeschifffahrt und Hydrographie dargestellt.
2. Die Befahrensregeln mit zeitlichen Befahrungsbeschränkungen und zulässigen Höchstgeschwindigkeiten müssen beachtet werden.
3. Ein Fahrzeug darf sich dort drei Stunden vor und drei Stunden nach Hochwasser aufhalten.
4. Es gelten 16 sm/h.
5. Im Merkblatt der zehn goldenen Regeln für Wassersportler.
6. Die Flüssigkeiten sind mit einem Lappen aufzunehmen und umweltgerecht zu entsorgen.

Wetter

1. Luftdruckänderungen, Temperatur und Luftfeuchtigkeit beeinflussen das Wettergeschehen hauptsächlich.
2. Es ist mit schlechtem Wetter, also starkem Wind und Sturm, zu rechnen.
3. Das sind die Orte gleichen Luftdrucks.
4. Es ist mit besserem Wetter, wenig Wind und Sonne zu rechnen.
5. Nachzulesen sind die Angaben in den Gezeitentafeln oder Kalendern des Bundesamtes für Seeschifffahrt und Hydrographie.
6. Das Steigen des Wasserpegels, also der Zeitraum zwischen Niedrigwasser und Hochwasser.
7. Das Fallen des Wasserpegels, also der Zeitraum zwischen Hochwasser und Niedrigwasser.
8. Der Moment des niedrigsten Wasserstandes wird als Niedrigwasser bezeichnet, beim Übergang von fallendem Wasserpegel zu steigendem Wasserpegel.
9. Der Moment des höchsten Wasserstandes wird als Hochwasser bezeichnet, beim Übergang von steigendem Wasserpegel zu fallendem Wasserpegel.
10. Eine Tide bezeichnet den Zeitraum zwischen einem Niedrigwasser und dem darauffolgenden Niedrigwasser.
11. Windstärken, eingeteilt in Stufen von 0 bis 12, und deren Auswirkungen auf die See.
12. Windstärken von 5 Bft bezeichnet man als Frischwind.
13. Bei Windstärken von 8 Bft und mehr werden Sturmwarnungen herausgegeben.
14. Bei starkem Seegang sollte man langsam fahren, damit Schäden durch Seeschlag vermieden werden.
15. Der Verschlusszustand sollte hergestellt werden, lose Gegenstände verstauen